30
Histoires
Inspirantes

POUR 30 VALEURS DU CORAN

COPYRIGHT © 2023 GOODHEARTED BOOKS INC.
info@goodheartedbooks.com

ISBN: 978-1-988779-66-9

Dépôt légal : bibliothèque et archives nationales du Québec, 2023.
Dépôt légal : bibliothèque et archives Canada, 2023.

Créé par	: Bachar Karroum
Graphisme	: Samuel Gabriel
Page couverture	: Creative Hands
Révision du contenu	: Omar Ahmad, Safa Said, Mohamed Ali
Traduction en français	: Mireille Simon
Correction du français	: Isabelle Laurent

Au nom d'Allah

30 Histoires Inspirantes Pour 30 Valeurs du Coran est une collection de 30 courtes histoires qui enseignent d'importantes leçons de vie et des valeurs inspirées par le Coran. Conçues pour les enfants, ces histoires visent à promouvoir le développement personnel et la croissance à travers des contes émouvants qui illustrent la valeur de la gentillesse, de la compassion, de l'honnêteté, de la patience et d'autres principes essentiels.

Chaque histoire est associée à une valeur du Coran, faisant de ce livre une excellente ressource pour les parents et les enseignants afin d'inculquer les valeurs islamiques dans l'esprit des jeunes. Rejoignez-nous dans ce voyage de découverte de soi et de croissance alors que nous explorons la sagesse du Coran à travers des histoires engageantes et significatives.

GLOSSAIRE

♡ Allah — Mot arabe pour DIEU

♡ Alhamdoulillah — Grâce à Dieu

♡ Assalam Alaykom — Que la paix soit sur vous

♡ Bismillah — Au nom de Dieu

♡ Doua — Demander à Allah des bénédictions pour soi-même et pour les autres

♡ Iftar — Repas pour rompre le jeûne pendant le Ramadan

♡ InchaAllah — Si Dieu le veut

♡ Juz Amma — Partie du Coran, contenant 30 chapitres (sourates).

♡ MachaAllah — Ce que Dieu a voulu

♡ Wa Alaykom Assalam — Et que la paix soit également sur vous

♡ CP — Cours préparatoire. La première année de l'école primaire en France.

♡ CE1 — Cours élémentaire 1re année. Après le CP.

♡ CE2 — Cours élémentaire 2e année. Après le CE1.

♡ CM1 — Cours moyen 1re année. Après le CE2.

TABLES DES MATIÈRES

SOIS POSITIF

(216) (...) il se peut que vous ayez de l'aversion pour une chose alors qu'elle vous est un bien. Et il se peut que vous aimiez une chose alors qu'elle vous est mauvaise. C'est Allah qui sait, alors que vous ne savez pas.

Al-Baqarah (La vache) 2.216

(...) وَعَسَىٰ أَنْ تَكْرَهُوا شَيْئًا وَهُوَ خَيْرٌ لَكُمْ ۖ وَعَسَىٰ أَنْ تُحِبُّوا شَيْئًا وَهُوَ شَرٌّ لَكُمْ ۗ وَاللَّهُ يَعْلَمُ وَأَنْتُمْ لَا تَعْلَمُونَ ۞

HISTOIRE 1

L'épreuve de sélection de l'équipe de football

Pffuit ! Quand le ballon de football toucha le filet, Omar prit son carnet à dessin. À l'aide de petits traits de son crayon, il réussit à capturer la force de la balle contre les fils de nylon.

— Omar, à ton tour ! l'appela l'entraîneur.

Tiré de son dessin, Omar posa son carnet sur la ligne de touche et entra en courant sur le terrain.

— Trois essais ! dit l'entraîneur.

Le premier tir d'Omar partit un peu trop à gauche. Le deuxième fut arrêté par Hugo, qui espérait être sélectionné comme gardien. Son troisième tir passa au-dessus de l'épaule d'Hugo et entra dans le coin de la cage. *Pffuit !*

— Ouais ! cria Omar, réjoui.

Après quelques exercices pour améliorer ses compétences, Omar courut terminer son dessin au bord du terrain. Il levait la tête chaque fois qu'il entendait le souffle de la balle. Son ami Philippe réussit deux tirs sur trois. Hugo les réussit tous les trois.

— Omar, veux-tu essayer la place de gardien ? proposa l'entraîneur.

— Non, merci, répondit Omar. Je suis un milieu de terrain, rien d'autre !

Il dessinait une paire de chaussures à crampons qui se balançaient, suspendues par leurs lacets.

Après les épreuves de sélection, l'entraîneur mit tout le monde en rang.

— Bon, toussota-t-il. Voilà ceux qui font partie de l'équipe.

Omar applaudit lorsque l'entraîneur appela ses amis. Après avoir nommé treize garçons, il ajouta :

— Les autres, vous aurez plus de chance l'année prochaine.

— Comment ? demanda Omar, stupéfait. Je ne fais pas partie de l'équipe ? Même pas comme remplaçant ?

— Désolé, Omar, lui dit l'entraîneur. Ces autres garçons ont fait plus d'efforts.

Omar se précipita chez lui. Il dessina un saule pleureur, dont les branches étaient courbées sous une forte pluie. Une larme tomba sur la page.

— *InchaAllah*, tu feras partie de l'équipe l'année prochaine, le réconforta sa mère.

— Si je ne suis pas dans l'équipe cette année, je ne serai pas assez fort pour jouer dans la classe suivante, grommela-t-il.

— Tu es peut-être mécontent d'une chose qui se révélera bonne pour toi, lui dit sa mère. Mais Allah sait des choses que tu ignores. Le temps nous le dira.

***

Le lundi, à l'école, les amis d'Omar félicitèrent Philippe et Hugo pour avoir intégré l'équipe.

— Qu'est-ce qui s'est passé, Omar ? demanda un camarade.

Il rougit jusqu'aux oreilles. Il regrettait d'avoir passé l'épreuve de sélection.

Chaque jour, Omar se dépêcha de rentrer chez lui après l'école. Il ne supportait pas de voir les autres garçons s'amuser, se chamailler et plaisanter pendant qu'ils se rendaient à l'entraînement de football.

Le vendredi, sur le chemin pour rentrer de l'école, il croisa les joueurs de l'équipe de football. Ils se rendaient à la pizzeria. Les garçons dans la camionnette de la mère d'Hugo chantaient des chants pour encourager leur équipe. Ceux dans la voiture de l'entraîneur chantaient avec la radio. Ils souriaient tous, impatients de jouer leur premier match, qui aurait lieu le samedi.

Tous, sauf Omar.

Il se pressa pour rentrer chez lui. Là, il sortit son carnet et dessina une maison. Son toit était réduit en miettes par une tornade. Omar froissa le dessin et le jeta, ce qui fit tomber une enveloppe de son bureau.

Dans la lettre à l'intérieur, il était écrit : *Cher Omar,*

Tu as fait preuve d'une créativité unique et d'un talent naturel pour le dessin. Tu es invité à devenir membre de notre club créatif d'élite pour les artistes prometteurs.

Les artistes du club créatif se retrouvent tous les jours à 15 h en semaine pour créer ensemble. Samedi, viens participer à notre rendez-vous pizza à l'école des Érables.

Tu pourras rencontrer nos membres et nos professeurs d'art, et en apprendre plus sur les projets de notre club.

Nous avons hâte de créer avec toi !

Omar était très surpris. Il regarda ses chaussures à crampons et son ballon de football, puis la dizaine de dessins au crayon un peu partout dans sa chambre. Il savait où il avait envie d'être, et ce n'était pas sur le terrain de football.

« *Alhamdoulillah,* je ne fais pas partie de l'équipe ! »

Nous ne nous rendons pas toujours compte qu'une expérience négative ou que quelque chose que nous n'apprécions pas peut finalement se révéler positif pour nous. Ce qu'Allah sait, nous ne le voyons peut-être pas immédiatement. Acceptons chaque situation avec patience et confiance en Allah.

HONORE TES PARENTS

(23) Et ton Seigneur a décrété: « N'adorez que Lui; et (marquez) de la bonté envers les père et mère: si l'un d'eux ou tous deux doivent atteindre la vieillesse auprès de toi, alors ne leur dis point: « Fi ! » et ne les brusque pas, mais adresse-leur des paroles respectueuses.

Al-Israa (Le voyage nocturne) 17.23

وَقَضَىٰ رَبُّكَ أَلَّا تَعْبُدُوا إِلَّا إِيَّاهُ وَبِالْوَالِدَيْنِ إِحْسَانًا ۚ إِمَّا يَبْلُغَنَّ عِنْدَكَ الْكِبَرَ أَحَدُهُمَا أَوْ كِلَاهُمَا فَلَا تَقُل لَّهُمَا أُفٍّ وَلَا تَنْهَرْهُمَا وَقُل لَّهُمَا قَوْلًا كَرِيمًا ﴿٢٣﴾

HISTOIRE 2

Les lunettes de Mamie

— *Assalam Alaykom*, Fatima. Prends ton livre de bibliothèque et entraîne-toi à lire avec moi, dit Mamie, assise dans son fauteuil.

Du haut de ses six ans, la petite Fatima croisa les bras. Depuis que Mamie était venue habiter avec sa famille, elle n'arrêtait pas de lui donner des ordres.

— Je n'ai pas envie ! Tu n'es pas ma maman.

Sa mère passa la tête hors de la cuisine.

— Fatima ! Sois polie avec ta grand-mère, s'il te plaît.

Fatima souffla, agacée, et elle sortit son livre. Elle s'installa à côté de Mamie et commença à lire.

— « Le petit renard a des chaussettes rouges. La... » Mamie, qu'est-ce que c'est, ce mot ? demanda-t-elle en le lui montrant du doigt.

— Pauvre de moi, je n'arrive pas à voir ces lettres minuscules. Laisse-moi mettre mes lunettes.

Mamie tapota sa tête, puis ses poches. Elle vérifia sur la table basse.

— Oh, non, je les ai perdues ! T'ai-je déjà raconté que la nuit où tu es née, j'ai égaré mes lunettes ?

Fatima soupira. Mamie perdait toujours ses lunettes.

— Ta maman m'a téléphoné de l'hôpital. J'avais tellement hâte que je n'arrivais pas à dormir, alors j'ai fait un gâteau. Zineb, appela-t-elle plus fort, tu as vu mes lunettes ?

La mère de Fatima apparut dans l'embrasure de la porte.

— Non, Maman, mais je vais les chercher.

— Bon, tant pis. Continue à lire, Fatima.

— Et le gâteau ?

— Quel gâteau ?

Fatima poussa un autre soupir. Sa mamie commençait toujours des histoires, puis se laissait distraire.

— Non, rien. Qu'est-ce que c'est, G-I-R-A-F-E ?

— Girafe, répondit Mamie en hochant la tête.

— « La girafe a de grandes chaussettes. »

Quand Fatima termina le livre, Maman s'approcha de Mamie.

— Laisse-moi t'accompagner jusqu'à la table. Il est l'heure de déjeuner.

Mamie se leva avec lenteur et elle prit le bras de sa fille pour marcher.

***

Après le repas, Fatima débarrassa la table.

— Voilà les lunettes de Mamie ! Comment est-ce qu'elles se sont retrouvées dans l'évier ?

Maman éclata de rire. Elle lava les lunettes avec douceur et les donna à Mamie.

— Oh, merci, Zineb. Ça me rappelle que j'ai fait un gâteau quand tu es allée à l'hôpital pour la naissance de Fatima.

— Tu l'as déjà dit ! l'interrompit Fatima.

Maman enlaça Fatima et la prit sur ses genoux.

— Montrons du respect à Mamie et écoutons son histoire.

Lorsque Fatima hocha la tête, Mamie sourit.

— Oui, oui, j'ai mis le gâteau au four, mais au moment de régler la minuterie, je n'arrivais pas à voir les tout petits chiffres. Mes lunettes n'étaient ni sur ma tête ni dans mes poches.

Elle palpa de nouveau ses poches en faisant mine de chercher ses lunettes.

— Je les avais perdues.

Maman se pencha vers Mamie en souriant.

— Quand tu es venue faire la connaissance de Fatima à l'hôpital, tu n'as pas apporté de gâteau, pourtant ! Est-ce qu'il a brûlé parce que tu n'avais pas réglé la minuterie ?

— Oh, non, Zineb, répondit Mamie en tapotant le bras de sa fille. Il n'a pas brûlé ; j'ai surveillé l'horloge. Lorsque je l'ai sorti du four, quelque chose sortait du gâteau. C'étaient mes lunettes !

Le regard de Mamie pétilla. Maman éclata de rire.

— Cuites dans le gâteau !

— Qu'est-ce que tu as fait ? demanda Fatima en pouffant.

— J'ai dû sortir mes lunettes du gâteau. Il était en miettes ! Le gâteau n'était pas mangeable, donc je n'ai eu d'autre choix que de le jeter!

Elles rirent toutes les trois.

Maman serra Mamie dans ses bras et l'embrassa.

— Je t'aime, Maman.

— Moi aussi, Zineb, je t'aime, répondit Mamie en essuyant une larme. Et je t'aime, Fatima. Je sais que je cause beaucoup de problèmes, mais je suis heureuse que l'on puisse vivre ensemble. Et surtout, rire ensemble.

Fatima aimait quand elles riaient ensemble.

— Je m'habitue encore à ce que tu habites ici, mais je t'aime, dit-elle. J'essaierai d'être plus respectueuse.

— *Alhamdoulillah* pour trois générations de musulmanes ! s'exclama Maman. Et si on faisait un gâteau ensemble ?

Fatima éclata de rire.

— Pourvu que Mamie ne perde pas ses lunettes !

Allah veut que nous soyons gentils et respectueux envers nos parents. Même si nous ne comprenons pas pourquoi ils établissent certaines règles, il est important de toujours être poli et gentil avec eux. C'est particulièrement important quand ils vieillissent.

GARDE TON CŒUR OUVERT

(8) Et quant à celui qui vient à toi avec empressement (9) tout en ayant la crainte, (10) tu ne t'en soucies pas. (11) N'agis plus ainsi ! Vraiment ceci est un rappel - (12) quiconque veut, donc, s'en rappelle.

Abasa (Il s'est renfrogné) 80.8-12

وَأَمَّا مَنْ جَاءَكَ يَسْعَىٰ ۝ وَهُوَ يَخْشَىٰ ۝ فَأَنْتَ عَنْهُ تَلَهَّىٰ ۝ كَلَّا إِنَّهَا تَذْكِرَةٌ ۝ فَمَنْ شَاءَ ذَكَرَهُ ۝

HISTOIRE 3

Le fort

Dans son jardin, Youssef et son voisin Mickaël ouvrirent deux grands cartons.

— Ce sera la partie principale du fort, dit Youssef. On va relier ce carton pour créer une deuxième pièce.

— C'est parti !

Mickaël sortit une paire de ciseaux de son sac à dos. Les garçons découpèrent une ouverture dans chaque carton, puis ils connectèrent les deux cartons avec de l'adhésif à double face. Un deuxième trou formait la porte d'entrée.

— Attachons le toit. Tu es prêt, Youssef ? demanda Mickaël en pliant le côté d'un troisième carton.

— *Assalam Alaykom.* Vous avez besoin d'une troisième personne, dit une petite fille.

C'était Mariam, la petite cousine de Youssef.

— *Wa Alaykom Assalam,* répondit-il. Mariam, ce n'est pas ton projet.

— Mais elle a raison, remarqua Mickaël. Le vent n'arrête pas de me faire lâcher le carton. Elle pourrait nous aider.

Mariam attrapa un coin du carton.

— Ah, non. Si on la laisse nous aider, elle va croire qu'elle peut entrer dans notre fort, dit Youssef.

Mariam recula. Les garçons maintinrent le toit pendant que Youssef commençait à l'attacher avec de l'adhésif.

Mickaël grimaça. Son visage devenait rouge.

— Le vent tire vraiment dessus.

— Je me dépêche, dit Youssef. Le dernier morceau d'adhésif... Terminé !

Youssef regarda Mariam avec un petit sourire satisfait. Elle fouillait parmi les cartons restants.

— Fabriquons un tunnel, dit-elle. Ce carton est assez long pour relier le fort au trampoline.

— Ce n'est pas une mauvaise idée, approuva Mickaël, les yeux brillants.

Youssef fronça les sourcils.

— Laisse tomber. Non, c'est non.

***

Après le déjeuner, les garçons trouvèrent Mariam en train d'installer deux longues guirlandes lumineuses par-dessus le fort.

— Qu'est-ce que tu fais ? lui demanda Youssef. C'est *notre* fort !

— Mamie m'a donné ces guirlandes, répondit-elle. Mickaël, tu peux m'aider à percer de petits trous pour les faire tenir s'il te plaît ?

— Fais tes trous toi-même et ne reste pas dans nos pattes, l'interrompit Youssef. On va attacher la porte d'un côté, pour qu'elle puisse s'ouvrir et se fermer.

Pendant que les garçons travaillaient, Mariam créa des trous pour faire passer chaque lumière minuscule à travers le carton du toit. Elle replia un long carton et l'attacha avec de l'adhésif pour former un tunnel étroit. Mickaël découpa une ouverture et l'aida à attacher son tunnel.

— Qui veut passer en premier ? demanda Mariam.

Mickaël s'accroupit sous le trampoline et se tortilla pour entrer dans le tunnel. Allongé sur le ventre, il rampa en s'aidant de ses coudes.

Mariam tira le fil de la guirlande lumineuse jusqu'à une prise sur la terrasse. Lorsqu'elle brancha la guirlande, les lumières scintillèrent sur le visage de Mickaël.

Il leva la tête et éclata de rire.

— C'est comme un ciel étoilé. C'est super, Mariam !

— La porte serait vraiment super si tu m'avais aidé, ronchonna Youssef.

Mariam s'assit sur l'herbe à côté de son cousin.

— Je sais que tu voulais faire un projet juste entre garçons, mais Allah nous demande d'ouvrir notre cœur. Ce serait bien que tu me laisses m'amuser aussi.

Youssef garda le silence et s'assit.

— C'est génial ! cria Mickaël lorsqu'il sortit du tunnel étroit en rampant.

Il s'esclaffa jusqu'à ce qu'il rencontre le regard de Youssef. Celui-ci soupira, puis il offrit sa main à Mariam.

— C'est vrai que c'est génial, dit-il. Allez, viens, cousine. *InchaAllah,* j'arriverai à rentrer dans ce tunnel étroit.

Allah veut que nous gardions nos cœurs ouverts. Nous devons toujours être gentils avec ceux qui nous tendent la main, que ce soit pour nous offrir leur amitié, de l'aide ou pour apprendre quelque chose.

SOIS RECONNAISSANT

(7) Et lorsque votre Seigneur proclama: « Si vous êtes reconnaissants, très certainement J'augmenterai [Mes bienfaits] pour vous (...)

Ibrahim (Ibrahim) 14.7

وَإِذْ تَأَذَّنَ رَبُّكُمْ لَئِنْ شَكَرْتُمْ لَأَزِيدَنَّكُمْ (...) ٧

HISTOIRE 4

Alhamdoulillah que je t'ai

— Le bébé sera bientôt là, dit la maman de Malak en frottant son gros ventre. L'ancienne chambre de Yasmine sera la chambre du bébé, et tu partageras ta chambre avec elle.

— Ce bébé n'apporte que des ennuis. Je veux ma propre chambre, grommela la petite Malak.

Elle n'avait que six ans. Sa maman la serra contre elle.

— Notre famille s'agrandit. Soyons reconnaissants.

— Je n'ai *aucune* raison d'être reconnaissante. Notre maison est trop petite pour un autre enfant !

Maman secoua la tête.

— Je suis reconnaissante de posséder une maison — un foyer plein d'amour pour Yasmine, le bébé et toi.

Maman et Malak aidèrent Yasmine à déplacer ses vêtements et ses jouets dans sa nouvelle chambre.

— Malak, aide-moi ! s'écria Yasmine pendant que sa sœur faisait ses devoirs.

Malak sursauta.

— Qu'est-ce qui ne va pas ?

— Le ruban dans ses cheveux est tombé !

Yasmine lui montra Becky, la poupée préférée de Malak. Sa chevelure n'était qu'un fouillis de nœuds. Malak arracha la poupée des mains de sa sœur.

— Donne-la-moi ! Ses cheveux sont complètement emmêlés ! cria-t-elle en essayant de la recoiffer.

Yasmine baissa la tête.

— Je voulais juste lui brosser les cheveux.

— C'est *ma* brosse ! *Pouah* ! Elle est pleine de cheveux de poupée !

Maman arriva en courant.

— Pourquoi est-ce que tu cries, Malak ?

— Elle s'est servie de ma brosse. Elle a emmêlé les cheveux de ma poupée. Je n'arrive pas à faire mes devoirs, expliqua-t-elle, les poings serrés. Yasmine ne devrait pas être dans ma chambre !

— C'est aussi sa chambre, dit Maman.

— Je déteste partager ma chambre !

— Oh !

Maman perdit le sourire. Elle s'appuya contre la commode de Malak et respira lentement. Au bout d'une minute, elle dit :

— Votre petit frère arrive aujourd'hui, *InchaAllah* ! Je dois appeler tante Khadija.

Elle alla passer des appels et préparer sa valise en vitesse. Toutes les quelques minutes, elle s'arrêtait et s'appuyait contre un meuble en respirant lentement.

— *InchaAllah*, tante Khadija arrivera bientôt. Ensuite, votre papa pourra m'emmener à l'hôpital, dit-elle en serrant ses filles inquiètes dans ses bras. Regardez, la voilà.

Après le départ de leur maman, Malak trouva des choses à faire. Elle déplaça Becky et ses autres jouets préférés sur une étagère plus haute. Elle termina ses devoirs, puis s'amusa toute seule.

***

Tante Khadija entra dans la chambre des filles après le dîner.

— Votre papa vient de téléphoner. Votre petit frère est né. La maman et le bébé se portent bien.

— *Alhamdoulillah,* dit Malak.

Tante Khadija essuya des larmes de joie.

— Et si on s'entraînait à porter un bébé avant leur retour à la maison demain ? proposa-t-elle en prenant Becky sur l'étagère.

Malak s'assit à côté de sa tante. Elle imagina qu'elle tenait son nouveau petit frère dans ses bras.

— Je suis vraiment reconnaissante qu'ils aillent bien. Je ne sais pas comment l'expliquer, mais j'aime notre bébé, même si je ne l'ai pas encore rencontré.

— Quand nous sommes reconnaissants, notre amour grandit, dit tante Khadija en posant la poupée dans les bras de sa nièce. Place la tête du bébé sur ton coude et soutiens son cou.

— Je voudrais essayer ! s'exclama Yasmine en grimpant sur le lit.

Malak montra à sa sœur comment tenir le bébé. Yasmine fit semblant de câliner et d'embrasser son nouveau frère. Elle rit doucement.

— Je sais que tu seras une bonne grande sœur, lui dit Malak.

Yasmine sourit.

— Tout comme tu es *ma* bonne grande sœur.

Malak rougit. Elle sentit son amour pour Yasmine grandir.

— *Alhamdoulillah* que je t'ai, Yasmine.

— *Alhamdoulillah* de t'avoir aussi, Malak. Regarde, j'ai enlevé tous les cheveux de poupée, dit Yasmine en lui montrant sa brosse.

— Tu peux m'aider à coiffer Becky ?

Et, ensemble, c'est ce qu'elles firent.

Allah nous demande de montrer de la gratitude pour tout ce que nous avons, et d'être reconnaissants envers les personnes dans nos vies. Quand nous sommes reconnaissants, Il nous donne encore plus de bénédictions. N'oublions jamais de remercier Allah pour tout ce que nous avons.

DONNE POUR L'AMOUR D'ALLAH

(264) Ô les croyants ! N'annulez pas vos aumônes par un rappel ou un tort, comme celui qui dépense son bien par ostentation devant les gens sans croire en Allah et au Jour dernier (...)

Al-Baqarah (La vache) 2.264

يَا أَيُّهَا الَّذِينَ آمَنُوا لَا تُبْطِلُوا صَدَقَاتِكُمْ بِالْمَنِّ وَالْأَذَىٰ كَالَّذِي يُنْفِقُ مَالَهُ رِئَاءَ النَّاسِ وَلَا يُؤْمِنُ بِاللَّهِ وَالْيَوْمِ الْآخِرِ (...) ﴿٢٦٤﴾

HISTOIRE 5

Les pommes de Hamza

— J'ai planté cet arbre pour toi à ta naissance, dit la mère de Hamza en tirant une branche jusqu'au niveau de ses yeux. À mesure que tu grandis, l'arbre grandit. Ses pommes sont tes pommes.

Ses fleurs étaient déjà tombées. De toutes petites pommes vertes poussaient sur les branches. Hamza les observa avec attention.

— *InchaAllah,* elles seront délicieuses. J'ai envie de toutes les manger !

Sa maman sourit.

— *InchaAllah,* il y aura beaucoup plus de pommes que l'année dernière.

Les pommes grossirent et elles prirent une teinte rouge-rose durant les chauds mois d'été. En automne, à la rentrée, elles étaient mûres. Chaque jour, Hamza apportait une pomme à l'école pour la manger au goûter.

À la fin de la semaine, Hamza et sa maman cueillirent un seau de pommes et ils préparèrent une tarte aux pommes.

— *Alhamdoulillah* pour mes pommes délicieuses, dit Hamza pendant qu'il mangeait sa deuxième part de tarte.

***

Le lundi, il apporta une pomme en plus à l'école pour Ali, son meilleur ami.

— Merci, Hamza, dit celui-ci. Tes pommes ont toujours l'air si délicieuses !

Le lendemain, Hamza apporta plusieurs pommes supplémentaires. Il les partagea avec les enfants assis à sa table au déjeuner.

— C'est la meilleure pomme que j'ai jamais mangée, dit Justin entre deux bouchées.

Henri approuva de la tête.

— Tu as de la chance d'avoir ton arbre à toi !

— Miam ! dit Ali avant de croquer dans sa pomme.

Lorsque Hamza rentra à la maison après l'école, il trébucha sur une pomme pourrie par terre. Il la montra à sa mère.

— Quel gâchis a dit maman, en le jetant à la poubelle.

— Maman, quand j'ai partagé des pommes avec mes amis, j'ai ressenti quelque chose de très agréable. Voir mes amis heureux m'a réchauffé le cœur. Donnons les pommes pendant qu'elles sont encore bonnes.

— Quelle excellente idée. Donnons-les pour l'amour d'Allah," ajouta maman.

Hamza fronça les sourcils. "Pour l'amour d'Allah ?"

— Maman sourit. "Donner par amour pour Allah, à quelqu'un dans le besoin et sans attendre quoi que ce soit en retour."

***

Le dimanche, Ali vint chez Hamza pour l'aider. Ils cueillirent les pommes jusqu'à ce que leurs bras soient épuisés.

— *MachaAllah,* quel bel arbre, dit Ali.

— *Alhamdoulillah* pour tant de pommes, soupira Hamza. On les donne par amour pour Allah.

Les garçons placèrent les pommes dans deux grandes boîtes et ils les chargèrent dans la voiture. Tout le monde attacha sa ceinture.

— Où va-t-on ? demanda la maman de Hamza.

— Au foyer pour enfants de la Jolie Vallée, s'il te plaît, répondit Hamza.

Accompagné d'Ali, il alla trouver la directrice du foyer dans son bureau.

— Est-ce qu'on pourrait vous donner des pommes de mon jardin ? demanda-t-il.

La directrice posa la main sur son cœur.

— C'est si gentil ! Merci. Laissez-moi vous prendre en photo avec votre don pour que nous puissions vous remercier dans le journal.

Elle sortit un appareil photo, mais Hamza secoua la tête en posant les lourdes boîtes.

— Oh, non, merci. Nous voulons simplement partager notre bonne fortune.

La semaine suivante, la mère de Hamza lui montra le journal local. Le titre à la une était : *Les pommes en fête au foyer de la Jolie Vallée.*

> *Un généreux don de pommes a permis d'organiser un mini-festival de la pomme au foyer pour enfants de la Jolie Vallée. Après une dégustation des pommes succulentes et plusieurs jeux autour de ce fruit, les enfants et le personnel du foyer se sont bien amusés en préparant quatre tartes aux pommes et seize pots de compote. « Ce don était une bénédiction, a déclaré la directrice, SueMin Park. Pour partager notre bonne fortune, nous avons fait don de huit pots de compote au centre d'accueil pour sans-abris de la ville.*

Sur la photographie, Hamza reconnut la directrice du foyer et plusieurs enfants qui fréquentaient son école. Ils souriaient tous en tenant une pomme à la main. Hamza avait un grand sourire, lui aussi.

Sa maman le serra dans ses bras.

— Ton arbre a grandi peu à peu. D'un minuscule arbrisseau, il est devenu un grand arbre, et ses fruits nous honorent. Et toi, d'un tout petit bébé, tu es devenu un garçon très sage, qui honore Allah avec son grand cœur.

Lorsque nous aidons les autres, il est important de le faire avec un cœur sincère. Donner juste pour se faire valoir n'est pas de la vraie gentillesse. Assurons-nous toujours que nos actions sont issues de notre amour pour Allah, et qu'elles visent à aider les autres, sans chercher de louanges ni causer de tort.

RESPECTE LA DIVERSITÉ ET ENCOURAGE L'INCLUSION

(13) Ô hommes ! Nous vous avons créés d'un mâle et d'une femelle, et Nous avons fait de vous des nations et des tribus, pour que vous vous entre-connaissiez. Le plus noble d'entre vous, auprès d'Allah, est le plus pieux (...)

Al-Hujurat (Les appartements) 49.13

يَا أَيُّهَا النَّاسُ إِنَّا خَلَقْنَاكُم مِّن ذَكَرٍ وَأُنثَىٰ وَجَعَلْنَاكُمْ شُعُوبًا وَقَبَائِلَ لِتَعَارَفُوا ۚ إِنَّ أَكْرَمَكُمْ عِندَ اللَّهِ أَتْقَاكُمْ (...) ﴿١٣﴾

HISTOIRE 6

Le jour de la fresque

— Demain, c'est le jour de la fresque avec mon club créatif ! dit Omar avec un grand sourire.

— Qu'est-ce que vous allez peindre ? demanda Hugo en se penchant vers lui.

— Le mur près des terrains de football, *InchaAllah*.

Hugo éclata de rire.

— Je sais *où* vous allez peindre ! Mais quel dessin ?

— Il parle de l'importance des abeilles, expliqua Omar, le regard brillant. Sur la gauche, il y a quelques abeilles et quelques fleurs. Et, sur la droite, des tonnes d'abeilles et de fleurs. Au milieu, une fille marche en direction du soleil couchant. Ça va être génial !

— Ça a l'air super, dit Hugo. Bonne chance pour demain.

***

Le lendemain, Omar retrouva son ami Mohammed dans le parc de la ville.

D'autres enfants déchargeaient de la peinture, des échelles, des bâches et des pinceaux. Pourtant, ils ne faisaient pas partie du club créatif des Érables.

Omar et Mohammed déroulèrent une bâche le long du mur. Ils se cognèrent contre un autre garçon qui faisait la même chose.

— Bonjour, dit Omar. On se connaît, non ? Tu jouais au foot dans l'équipe de l'école du Ruisseau.

— Je m'appelle Alex.

— Moi, c'est Omar. Je fais partie du club créatif des Érables. Vous êtes à notre place.

— C'est le club des Érables qui est à la place du club du Ruisseau, affirma Alex en croisant les bras.

Omar échangea un regard avec Mohammed et ses autres amis.

— Mais on peint une fresque ici.

— Non, c'est le club d'art du Ruisseau qui peint ici, dit Alex en reculant.

— Il doit y avoir une erreur. Vous avez le mur en face de la piscine municipale.

Alex secoua la tête.

— Non. Ce mur.

Le responsable du club créatif s'approcha.

— Je ne sais pas pourquoi, mais la ville a attribué le même mur à deux clubs artistiques, expliqua-t-il en secouant la tête. Notre groupe va devoir se déplacer de l'autre côté du bâtiment.

— Ici, c'est la place du club des Érables, protesta Omar. Notre dessin doit se voir de gauche à droite.

— Le club du Ruisseau ne peut pas peindre de l'autre côté, dit Alex. Là où deux visages se trouvent sur notre dessin, il y a une fenêtre.

— On pourrait peut-être peindre ensemble sur ce mur ? proposa Mohammed.

— Pff, impossible qu'ils aient assez de talent pour peindre avec nous, dit Omar sur un ton méprisant. De plus, nous ne voulons pas travailler avec des personnes qui ne sont pas de notre communauté.

— On ne peindra pas avec le club des Érables ! rétorqua Alex.

Omar croisa les bras.

— On prépare ce dessin depuis des mois !

— Notre sujet est trop important.

Tout le monde se tut. Omar finit par s'éclaircir la gorge.

— Qu'est-ce que c'est, votre thème ?

— Aimer la diversité, répondit Alex avec un sourire. Sur notre dessin, il y a des gens de toutes sortes, de différentes cultures et de différentes religions. Ils marchent tous vers le soleil couchant. Ça montre que nous sommes tous égaux — tous ceux qui se trouvent sous le soleil.

— Aimer la diversité, répéta Omar.

Il pensa à une phrase que son père avait coutume de dire. *Pour montrer l'exemple et inciter les autres à avoir un état d'esprit positif, j'inclus tout le monde et j'aime la diversité.*

Omar déroula la grande feuille de papier avec leur dessin.

— Nos écoles sont rivales, mais elles ont toutes les deux de belles valeurs.

— Oh, ouah ! Protéger les abeilles, c'est vraiment important, dit Alex.

Il déroula le dessin de son club. Omar et Alex superposèrent les deux feuilles et les levèrent à la lumière du soleil.

— Si on dessine des abeilles un peu plus petites..., proposa Omar.

— Et qu'on déplace le fauteuil roulant de ce garçon sur la gauche..., ajouta Alex.

— On peut placer les différentes personnes de ce groupe avec les abeilles et mélanger les deux sujets !

— Vous êtes d'accord pour peindre avec le club du Ruisseau ? demanda Alex.

Ils se serrèrent la main.

— Ce sera génial !

Ils créèrent un nouveau dessin ensemble, puis ils commencèrent à peindre.

***

Pendant la pause déjeuner, Alex et Omar se firent des passes avec un ballon de football.

— C'était amusant de peindre ensemble, dit Alex.

Omar sourit.

— C'est vrai. L'année prochaine, on devrait créer une autre fresque pour le mur en face de la piscine municipale !

Aux yeux d'Allah, nous sommes tous égaux, peu importe notre statut, notre sexe, notre origine, notre lieu de naissance ou notre apparence. Ce qui est important, c'est la façon dont nous traitons les autres et vivons notre vie de manière positive. Essayons de faire de notre mieux, d'être gentils, respectueux et justes envers les autres.

DIS TOUJOURS LA VÉRITÉ

(70) Ô vous qui croyez ! Craignez Allah et parlez avec droiture,

(71) afin qu'Il améliore vos actions et vous pardonne vos péchés. Quiconque obéit à Allah et à Son messager obtient certes une grande réussite.

Al-Ahzab (Les coalisés) 33.70-71

يَا أَيُّهَا الَّذِينَ آمَنُوا اتَّقُوا اللَّهَ وَقُولُوا قَوْلًا سَدِيدًا ۝ يُصْلِحْ لَكُمْ أَعْمَالَكُمْ وَيَغْفِرْ لَكُمْ ذُنُوبَكُمْ ۗ وَمَن يُطِعِ اللَّهَ وَرَسُولَهُ فَقَدْ فَازَ فَوْزًا عَظِيمًا ۝

HISTOIRE 7

Le défi de lecture de l'été

Le premier jour du cours préparatoire, Ali salua son ami Hamza.

— *Assalam Alaykom,* Hamza.

— *Wa Alaykom Assalam.* Qu'est-ce que tu as fait, cet été ?

— Pas grand-chose, répondit Ali en haussant les épaules. Je suis surtout resté à la maison.

— Ouais, moi aussi. Mais j'ai lu tous les livres du défi de lecture de l'été. *InchaAllah,* je serai invité à manger de la pizza !

— Oh, ouais... moi aussi.

Ali se mordit la lèvre et détourna les yeux.

— Hé, je vais passer à la bibliothèque, dit-il avant de s'éloigner rapidement.

— D'accord, on se voit en classe.

Mais lorsque Hamza répondit, son ami était déjà loin.

Ali se rendit en courant à la bibliothèque de l'école. Il prit la liste de lecture de l'été, écrivit son nom et cocha une croix à côté de chaque livre. La liste en contenait vingt-quatre. En réalité, il n'en avait pas lu un seul.

— Voici ma liste, madame Monroe.

— Oh, Ali, tu as lu tous les livres ! dit la bibliothécaire avec un grand sourire. Bon travail ! N'oublie pas de venir ici à onze heures et demie pour manger de la pizza !

— Merci, madame Monroe. À tout à l'heure !

Ali se dépêcha d'aller en classe.

***

Pendant que tout le monde mangeait de la pizza, Mme Monroe annonça :

— Tout le monde ici a lu au moins douze livres, sur les vingt-quatre de la liste de lecture de l'été. Félicitations ! J'ai mis vos noms dans le chapeau. L'un d'entre vous remportera ce joli carnet neuf ! Tirons le gagnant au sort.

Des commentaires fusèrent dans la salle.

— C'est un joli journal.

— Tirez mon nom, madame Monroe !

— J'espère que je vais gagner !

— Et le gagnant est... Ali ! Félicitations, Ali !

— Génial ! s'écria-t-il. Merci ! Je ne gagne jamais rien !

— Eh bien, tu le mérites ! Ce n'est pas facile de lire tant de livres.

Ali n'osa pas avouer à Mme Monroe qu'il ne les avait pas lus. Il rougit.

— Choisissez un livre qui vous a plu en particulier et parlez-en au groupe, reprit la bibliothécaire en montrant la pile de livres.

Ali trouva l'ouvrage plus fin et le feuilleta pour regarder les illustrations. Quand son tour arriva, il lut le titre :

— *Gruffalo*. C'est l'histoire d'une petite souris et d'un monstre. Il leur arrive une aventure amusante.

Une petite fille leva la main.

— Ça ne parle pas de ça ! Le gruffalo veut manger la souris, mais elle lui joue un tour !

— Oh, j'ai peut-être oublié, dit Ali en secouant la tête.

Plusieurs filles rirent à voix basse.

— Ce n'est pas grave, dit Mme Monroe. Choisis un livre dont tu te souviens mieux.

Tous les regards étaient tournés vers Ali. Il regarda les livres qu'il n'avait pas lus, ses camarades de classe, puis ses pieds. Il avait le cœur lourd.

— Je suis désolé. En vérité, je n'ai lu aucun livre. J'avais oublié la liste de lecture de l'été.

Surprise générale.

Tout le monde garda le silence jusqu'à ce qu'Hamza prenne la parole.

— Et si on créait un club de lecture ? On pourrait se réunir à la bibliothèque après l'école pour lire tous ensemble. Comme ça, on n'oubliera pas.

— On pourrait avoir des partenaires de lecture, proposa un garçon.

— Et parler de nos livres préférés, ajouta une fille.

— J'aimerais en faire partie, dit une autre.

— Moi aussi.

— Et moi donc !

Hamza donna un coup de coude à Ali.

— La bibliothèque contient plein de livres géniaux. Ce sera mieux si tu les lis, au lieu de nous raconter des salades.

— Tu as raison. Je n'aurais pas dû mentir. Si je promets de dire la vérité, est-ce que je peux faire partie de votre club ?

— Bien sûr, répondit Hamza.

Ali rendit le carnet à Mme Monroe.

— Vous devriez choisir un autre gagnant. Je ne mérite pas la récompense.

— Madame Monroe, est-ce qu'on pourrait *tous* avoir le carnet ? demanda Hamza. On pourrait s'en servir pour notre club.

— Je pense que c'est une excellente idée, répondit Mme Monroe en souriant.

Hamza ouvrit le journal à la première page.

— Signez ici pour faire partie du club de lecture du CP !

♡ ♡ ♡

Allah aime l'honnêteté et Il nous demande de ne jamais inventer des histoires. Même si nous commettons une erreur, mentir ne servira à rien. Il vaut mieux dire la vérité pour être digne de confiance.

SOIS HUMBLE

(63) Les serviteurs du Tout Miséricordieux sont ceux qui marchent humblement sur terre, qui, lorsque les ignorants s'adressent à eux, disent: « Paix »

Al-Furqan (Le discernement) 25.63

وَعِبَادُ الرَّحْمَنِ الَّذِينَ يَمْشُونَ عَلَى الْأَرْضِ هَوْنًا وَإِذَا خَاطَبَهُمُ الْجَاهِلُونَ قَالُوا سَلَامًا ۝

HISTOIRE 8

La plus rapide du cours préparatoire

À la récréation, Fatima salua ses amies.

— *Assalam Alaykom.*

— *Wa Alaykom Assalam,* répondit Malak. Tu veux jouer à chat ?

— Comme je suis la plus rapide, je suis le chat en premier ! dit Fatima.

— On a trois secondes d'avance ! précisa Jessica.

Malak, Jessica et Lily s'éloignèrent en courant. Fatima compta jusqu'à trois, puis elle traversa la cour de l'école à toute vitesse. Elle grimpa l'échelle, descendit le toboggan et fit le tour de l'aire de jeu. D'un côté à l'autre.

— Je t'ai attrapée ! cria-t-elle en touchant Malak.

Bien vite, celle-ci toucha Lily, qui toucha Jessica, qui toucha de nouveau Malak. Elle se mit à pourchasser Fatima.

— Je vais t'attraper !

Après un moment, elle s'arrêta pour reprendre son souffle.

— Tu es trop rapide !

— Je t'ai dit que je suis la plus rapide, dit Fatima. Je suis la fille la plus rapide de tout le CP !

— Prouvons-le, proposa Lily.

Elle tapa dans ses mains et demanda d'une voix forte :

— Qui veut faire la course avec Fatima pour savoir qui est la plus rapide du CP ?

Plusieurs élèves du cours préparatoire se mirent en ligne.

Lily se plaça devant elles, les bras écartés.

— À vos marques... prêtes... partez !

Fatima fonça et tapa dans la main de Lily. *Tap !*

Les autres coureuses la suivirent. *Tap ! Tap ! Tap !*

Lily leva la main de Fatima.

— Nous avons une gagnante !

— Je suis la championne du monde ! s'exclama Fatima.

— Tu es la championne du CP, la contredit Contessa, une élève de CE1. Tu devrais faire la course contre moi.

Lily rassembla des participantes pour une nouvelle course.

— À vos marques... prêtes... partez !

Tap ! Contessa tapa dans la main de Lily.

Tap ! Tap ! Tap ! Fatima et les autres la suivirent.

— Nous avons une nouvelle championne du monde ! déclara Lily en levant le bras de Contessa.

Celle-ci poussa un cri de joie.

— Je suis arrivée deuxième ! dit Fatima.

Elle haletait encore après la course. Avec un rire méchant, Contessa s'approcha d'elle.

— Tu as perdu. Aucune élève de CP n'est aussi rapide que moi !

— Hé, on s'amuse, c'est tout, dit Fatima.

— Refais la course contre moi ! la provoqua Contessa. Je te montrerai *deux fois* que je suis plus rapide que toi.

Ou est-ce que tu es une poule mouillée ?

Fatima secoua la tête.

— S'il te plaît, je ne veux pas me disputer. Tu as gagné la course. Jouons à autre chose, maintenant.

— Si on jouait au tennis de table ? suggéra Malak.

— J'ai remporté la course, je sers en premier ! cria Contessa en prenant la balle.

Fatima accepta avec un haussement d'épaules.

— C'est normal, j'ai perdu la course. Je ne jouerai pas pendant cette partie. On se relaiera quand quelqu'un perdra un point.

Contessa et Malak affrontèrent Lily et Jessica. Contessa envoya la balle à Lily, qui la renvoya à Malak, qui l'envoya à Jessica. Jessica manqua la balle.

— Tu as perdu le point, Jessica, se moqua Contessa. Laisse ta place !

Jessica donna sa raquette à Fatima. Maintenant, Fatima et Lily étaient face à Contessa et Malak.

Après plusieurs tours, pendant lesquels les filles changèrent de place, Fatima immobilisa la balle.

— Je n'arrive pas à y croire. Tu n'es pas encore sortie du jeu, dit-elle à Contessa.

Celle-ci croisa les bras, sur la défensive.

— Je n'ai pas perdu un seul point. Je suis une pro du tennis de table !

— Tu es vraiment forte, reconnut Fatima en souriant. Tu pourrais m'expliquer comment tu arrives à donner cet effet à la balle ?

Contessa se détendit.

— Oh. D'accord, oui.

Elle prit la balle et une raquette.

— Donc, tu la tapes doucement ici, sur le dessus...

— Laisse-moi essayer ! dit Lily.

— Moi aussi, dit Jessica.

Elles s'entraînèrent à tour de rôle. Bientôt, elles discutaient, riaient et couraient après des balles perdues. Elles s'encourageaient toutes.

Alors que Fatima s'apprêtait à servir la balle, elle retint son geste.

— Si on avait passé la récré à se vanter et à prouver qui est la plus rapide, on n'aurait jamais appris à faire ça.

Puis elle envoya la balle à Contessa en lui donnant de l'effet.

Allah nous demande d'être humbles et de ne pas nous montrer arrogants. Ce n'est pas bien de se vanter et de parler de nos réussites à tout le monde.

PARTAGE TES BÉNÉDICTIONS

(215) Ils t'interrogent: « Qu'est-ce qu'on doit dépenser ? » Dis: «
Ce que vous dépensez de bien devrait être pour les père et mère,
les proches, les orphelins, les pauvres et les voyageurs indigents.
Et tout ce que vous faites de bien, vraiment Allah le sait. »

Al-Baqarah (La vache) 2.215

يَسْأَلُونَكَ مَاذَا يُنْفِقُونَ ۖ قُلْ مَا أَنْفَقْتُمْ مِنْ خَيْرٍ فَلِلْوَالِدَيْنِ وَالْأَقْرَبِينَ وَالْيَتَامَىٰ وَالْمَسَاكِينِ وَابْنِ السَّبِيلِ ۗ وَمَا تَفْعَلُوا مِنْ خَيْرٍ فَإِنَّ اللَّهَ بِهِ عَلِيمٌ ﴿٢١٥﴾

HISTOIRE 9

Le vélo de Mariam

Chargée de deux gros sacs, Mariam pressa la sonnette de la maison de ses cousins.

Ding-dong.

Youssef, son cousin de huit ans, regarda par le judas avant d'ouvrir la porte.

— *Assalam Alaykom,* Mariam.

— *Wa Alaykom Assalam,* Youssef. Sarah est là ?

— Oui, je vais la chercher.

Il appela sa petite sœur de cinq ans :

— Saaaaaaarah, Mariam est là !

— *Salut,* Mariam, la salua sa cousine en accourant à la porte.

Mariam lui montra les sacs.

— Regarde ce que je t'ai apporté !

— *Hiii !* Allons voir tout ça dans ma chambre, dit Sarah.

L'un après l'autre, Mariam sortit les vêtements qu'elle avait portés l'été précédent.

— J'aimais beaucoup cette chemise avec les petites fleurs. Oh, et regarde cette jupe.

Sarah essaya la tenue.

— J'adore !

Elle passa en revue le reste des habits et garda tout ce que sa cousine aînée lui proposait.

— Merci. J'avais vraiment besoin de vêtements d'été.

— Au fait, Mariam, dit Youssef en arrivant à la porte, tu sais que j'ai reçu un vélo pour mon anniversaire. Mon ancien vélo est encore trop grand pour Sarah. Papa a dit que je pouvais te le donner. Tu aimerais l'avoir ?

Elle bondit de joie.

— Le vélo rouge ? Avec des freins ? Et toutes les vitesses ! J'adorerais l'avoir !

— Parfait. Tu pourras rentrer chez toi avec, dit Youssef. Quand il sera devenu trop petit pour toi, tu pourras peut-être le donner à Sarah.

— Bien sûr.

Mariam n'arrivait pas à arrêter de sourire.

***

Le lendemain à l'école, pendant que la classe de CP de Mariam était en récréation, la classe de maternelle de Sarah passa non loin.

Sarah salua sa cousine avec enthousiasme, tout sourire.

— *Assalam Alaykom,* Mariam. Regarde, je porte la chemise avec les fleurs, dit-elle en lui montrant sa tenue.

Mariam courut pour taper joyeusement dans la main de Sarah.

— Tu portes mon ancienne chemise ! N'ai-je pas bon goût ? demanda-t-elle à la classe de sa cousine. Sarah porte tous mes vieux vêtements.

Sarah rougit. Lorsque ses camarades rirent à voix basse, elle perdit son sourire et fronça les sourcils. Elle se dépêcha de se rendre en classe.

Après l'école, tandis que Mariam ouvrait l'antivol du vélo rouge, celui avec des freins et toutes les vitesses, un garçon de CE2 s'approcha d'elle.

Il surplomba Mariam. Les bras croisés, il lui lança un regard noir.

— Hé ! Qu'est-ce que tu fais avec le vélo de Youssef ?

— Arrête d'embêter ma cousine, dit Youssef, qui s'interposa entre eux. C'est son vélo. Je l'utilisais avant.

Le garçon parut confus. Puis il éclata de rire.

— Comment ? Tu avais un vélo de fille ?

— C'est un vélo, répondit Youssef en s'avançant vers lui. Et c'est celui de Mariam. Donc, j'imagine que c'est un vélo de fille. Quelle importance ?

Son camarade recula.

— Aucune. Pas de problème.

— Merci, Youssef, dit Mariam une fois qu'il fut parti. Pourquoi ne pas lui avoir dit que j'utilise ton vélo ?

— C'était mon vélo avant, mais maintenant, c'est le tien. Allah nous demande d'être généreux, de ne pas chercher à se faire bien voir et de ne pas faire de peine aux autres.

Le cœur de Mariam se serra.

— Je dois trouver Sarah.

Elle partit à la recherche de sa cousine dans la cour de l'école.

Sarah essaya de se cacher, mais c'était trop tard. Mariam s'accroupit à côté d'elle.

— Je suis désolée de t'avoir mise mal à l'aise tout à l'heure, murmura-t-elle. C'est *ta* chemise. Et elle te va très bien.

Sarah sourit. Elles se prirent la main.

— Merci. Tu veux rentrer à la maison ensemble ? proposa Sarah.

— Bien sûr. Laisse-moi juste aller chercher mon vélo.

Allah aime quand nous partageons et ne gaspillons pas, et il est important de le faire avec humilité. Si nous avons de quelque chose en abondance, nous devons en donner à notre famille ou à ceux qui en ont besoin, sans chercher de la reconnaissance ou des louanges.

NOURRIS CEUX DANS LE BESOIN

(8) Et offrent la nourriture, malgré son amour, au pauvre, à l'orphelin et au prisonnier, (9) (disant): « C'est pour le visage d'Allah que nous vous nourrissons: nous ne voulons de vous ni récompense ni gratitude.

Al-Insan (L'homme) 76.8-9

وَيُطْعِمُونَ الطَّعَامَ عَلَى حُبِّهِ مِسْكِينًا وَيَتِيمًا وَأَسِيرًا ۝ إِنَّمَا نُطْعِمُكُمْ لِوَجْهِ اللَّهِ لَا نُرِيدُ مِنْكُمْ جَزَاءً وَلَا شُكُورًا ۝

HISTOIRE 10

Léo

— *Assalam Alaykom*, Maman.

— *Wa Alaykom Assalam*, Ahmed. Comment s'est passée l'école ?

Il posa son sac sur le comptoir.

— Bien, merci. Est-ce que je pourrais avoir un sandwich, s'il te plaît ? Et une pomme ? Peut-être quelques chips ?

— Tu as drôlement faim. Tu n'as pas mangé ton déjeuner, à l'école ?

Ahmed sentit que sa mère l'observait. Il montra son panier-repas.

— Il est vide.

— Tu grandis, dit-elle. Je vais chercher la dinde et le fromage. Prends le pain.

Ahmed mangea tout jusqu'à la dernière miette.

— Merci, Maman. Je vais faire mes devoirs.

Tous les jours pendant une semaine, le panier-repas d'Ahmed était vide, mais il était affamé.

— Ahmed, je te prépare des déjeuners nourrissants et équilibrés pour l'école. Est-ce que tu les jettes ? Quelqu'un vole tes repas ?

— Non, rien de ce genre, répondit-il, la tête basse.

Sa mère s'éclaircit la gorge.

— Je sens que tu ne manges pas ton déjeuner à l'école. S'il te plaît, dis-moi la vérité.

Ahmed rencontra son regard. Il essuya une larme.

— Je suis désolé.

— Pourquoi, mon chéri ? Que s'est-il passé ?

— Lundi, sur le chemin de l'école, un garçon jouait dans cette maison abandonnée sur le boulevard. Tu sais, celle avec le toit qui tombe et les fenêtres cassées ?

Ahmed attendit que sa mère hoche la tête pour continuer.

— Il m'a demandé si j'avais de quoi manger et je lui ai donné la moitié de mon sandwich. Il l'a avalé tellement vite ! Il devait mourir de faim. Alors je lui ai donné le reste de mon déjeuner.

— Ahmed, c'est très gentil, mais toi aussi, tu as besoin de manger.

— Il s'appelle Léo. Il habite tout seul dans cette vieille maison, mais il sourit quand il me voit. J'aime lui donner mon déjeuner.

— Nourrir ceux qui ont faim remplit nos cœurs de joie, surtout quand nous le faisons par amour pour Allah et non pour obtenir quelque chose en échange, dit sa mère. Demain, c'est samedi. Si tu n'apportes pas ton repas à Léo, que mangera-t-il ?

— Je ne sais pas. Rien, peut-être.

— Dans ce cas, nous lui apporterons de quoi manger demain, *InchaAllah*.

***

Le samedi matin, Ahmed et sa mère se rendirent à la maison sur le boulevard avec un repas équilibré.

— Léo ? Appela Ahmed.

Un garçon maigre de son âge sortit de la maison. Il secoua la tête.

— Aucun adulte ne peut savoir que j'habite ici ! Elle va me dénoncer à la police.

— J'aimerais t'aider, dit la mère d'Ahmed. Je n'appellerai pas la police.

— On t'a apporté à manger, ajouta Ahmed en lui montrant le sac.

Léo s'approcha pour prendre la nourriture. Après les avoir remerciés, il rentra dans la maison en courant.

Le dimanche, Ahmed apporta un autre repas à Léo avec sa mère. Cette fois, le garçon était moins stressé par sa présence.

— Où sont tes parents ? lui demanda-t-elle.

— Je ne connais pas mon père, répondit Léo entre deux bouchées de sandwich. Ma mère dit que je ne suis qu'une source d'ennuis, alors elle m'a mis dehors.

Chaque jour, la mère d'Ahmed prépara deux repas : un pour lui et un pour Léo. Le samedi, ils allèrent lui apporter à manger ensemble. Une voiture était garée devant la vieille maison.

Léo vint vers eux en courant. Il souriait.

— Je déménage dans le foyer pour enfants de la Jolie Vallée ! On m'a emmené le visiter ce matin. Chaque enfant a son lit, et les adultes s'occupent d'eux. Ils mangent même des repas tous ensemble, comme une vraie famille. Je viens chercher mes affaires, dit-il en montrant le petit sac-poubelle dans sa main.

— Je suis content pour toi, Léo, dit Ahmed. Les enfants qui habitent à la Jolie Vallée fréquentent mon école. Peut-être que je te reverrai bientôt ?

— J'espère. Merci, Ahmed.

Léo monta dans la voiture. Il les salua de la main pendant qu'elle s'éloignait.

— Comment est-ce qu'ils ont su où habitait Léo ? se demanda Ahmed.

— Il est possible que je les aie appelés, répondit sa mère.

— Maman ! Tu avais dit que tu ne...

— Je n'ai pas appelé la police ! J'ai téléphoné à la mairie et j'ai demandé quels services je pouvais contacter. Je n'ai donné son nom et son adresse qu'une fois que j'étais sûre qu'ils aideraient Léo.

— *Alhamdoulillah.* Et, Maman, merci de m'avoir aidé à nourrir quelqu'un dans le besoin.

Allah veut que nous aidions ceux qui sont dans le besoin, notamment
en partageant nos bénédictions avec eux. Il est important d'être gentil
et d'aider les autres.

ÉVITE DE FAIRE DES SUPPOSITIONS

(12) Ô vous qui avez cru ! Evitez de trop conjecturer [sur autrui] car une partie des conjectures est péché. Et n'espionnez pas; et ne médisez pas les uns des autres (...)

Al-Hujurat (Les appartements) 49.12

يَا أَيُّهَا الَّذِينَ آمَنُوا اجْتَنِبُوا كَثِيرًا مِنَ الظَّنِّ إِنَّ بَعْضَ الظَّنِّ إِثْمٌ ۖ وَلَا تَجَسَّسُوا وَلَا يَغْتَب بَّعْضُكُم بَعْضًا (...) ﴿١٢﴾

HISTOIRE 11

Tu es une bonne amie, Samira

Son plateau de cantine à la main, Samira alla s'installer près de ses amies. Lily et Jessica se poussèrent pour lui faire de la place sur le banc.

— Pourquoi Leïla est assise là-bas toute seule ? demanda Samira.

— Il faut croire qu'elle est trop bien pour nous ! répondit Lily en riant.

Samira l'appela :

— Leïla ! Viens t'asseoir avec nous.

Son amie secoua la tête, puis elle baissa les yeux vers son déjeuner.

— Elle nous fait la tête ! murmura Jessica.

— On dirait ! Qu'est-ce qu'on a fait ?

— C'est peut-être nous qui sommes devenues trop bien pour elle ! s'amusa Lily.

***

À la récréation, Leïla s'assit sur un banc. Fatima rejoignit Samira, Lily et Jessica pour jouer à chat. Tout le monde parlait de Leïla.

— Qu'est-ce qu'elle a, Leïla ?

— Elle nous en veut.

— Elle ne veut plus être notre amie !

— Elle se croit trop bien pour jouer avec nous !

— Personne n'est aussi bien que nous.

— Je peux jouer, moi aussi ? demanda Malak, qui s'approchait.

— C'est toi le chat ! cria Jessica en lui tapant sur l'épaule.

Les filles prirent la fuite. Malak toucha la seule qui ne s'était pas enfuie : Leïla.

— C'est toi le chat !

— Je ne joue pas, dit-elle à voix basse, sans bouger.

— Mais tu joues toujours...

Lily passa à côté d'elles en courant.

— Elle est trop bien pour nous ! cria-t-elle.

— On n'est plus amies avec Leïla, dit Jessica.

Malak se remit à courir après les autres, mais Samira les appela :

— Ça suffit ! Pouce. Venez toutes ici.

Le groupe se rassembla autour d'elle.

— Leïla est notre amie. On ne devrait pas parler d'elle comme ça.

— Elle nous a snobées toute la journée, marmonna Lily.

— Je n'aime pas son attitude, dit Jessica.

Samira secoua la tête.

— Est-ce que quelqu'un lui a demandé pourquoi ?

— C'est ta meilleure amie, protesta Fatima. Tu devrais lui parler.

La cloche sonna à ce moment-là. C'était l'heure de retourner en classe.

Samira courut pour rattraper Leïla.

— Leïla, attends !

— Je dois aller en classe, répondit-elle sans ralentir.

Samira accéléra pour rester à la hauteur de son amie.

— D'habitude, tu t'assois toujours avec moi et on joue ensemble. On est encore amies ?

— Oui, on est encore amies, dit Leïla avec un petit sourire en coin. Meilleures amies.

— Tu es en colère contre moi ?

— Non. J'avais envie d'être seule.

— Est-ce que tout va bien ? demanda Samira sur un ton sérieux.

— Oui... Enfin, non.

Leïla ralentit. Elle essuya une larme.

— Mon père a le cancer, expliqua-t-elle en pleurant. Les médecins lui font de la chimiothérapie. C'est un traitement puissant pour détruire le cancer, mais il rend Papa encore plus malade.

— Je suis vraiment désolée, lui dit Samira en l'accompagnant en classe.

— Je m'inquiète pour lui. Hier, il n'est même pas sorti du lit. Il était faible et il souffrait.

Samira la serra fort dans ses bras.

— Je suis désolée. Je croyais que tu nous snobais. Merci de m'avoir dit pour ton père. Je prierai pour lui.

— Merci. *InchaAllah*, il se sentira mieux aujourd'hui, et le cancer aura disparu dans quelques mois.

***

Le lendemain midi, Samira était sur le point de s'asseoir à côté de Lily, mais elle changea d'avis.

— Je vais parler à Leïla.

— Pourquoi ? demanda Lily en riant. Si elle avait envie de parler, elle viendrait s'asseoir ici, avec nous !

— Elle se croit trop bien pour nous, dit Jessica entre deux bouchées. Tu te souviens ?

Samira secoua la tête.

— Elle vit quelque chose de difficile à la maison. Au lieu de faire des suppositions et de parler dans son dos, on devrait la soutenir.

Elle traversa la cantine pour rejoindre Leïla.

— Comment va ton père ? demanda-t-elle en marchant vers son amie.

— Un peu mieux aujourd'hui, *Alhamdoulillah*.

— Tu aimerais rester seule ?

— Je n'ai pas envie de discuter, dit Leïla en haussant les épaules.

Samira posa son plateau sur la table.

— Ça me fait plaisir d'être assise avec toi, même sans parler.

Leïla lui fit un petit sourire.

— Tu es une bonne amie, Samira.

Allah nous dit d'éviter de faire des suppositions. Si nous entendons ou pensons quelque chose de négatif à propos de quelqu'un, nous devons faire attention et demander la vérité à cette personne avant de supposer le pire.

CONTRÔLE TA COLÈRE ET PARDONNE

(134) qui dépensent dans l'aisance et dans l'adversité, qui dominent leur rage et pardonnent à autrui - car Allah aime les bienfaisants -

Ali 'Imran (La famille d'Imran) 3.134

الَّذِينَ يُنْفِقُونَ فِي السَّرَّاءِ وَالضَّرَّاءِ وَالْكَاظِمِينَ الْغَيْظَ وَالْعَافِينَ عَنِ النَّاسِ ۗ وَاللَّهُ يُحِبُّ الْمُحْسِنِينَ ﴿١٣٤﴾

HISTOIRE 12

Le costume de Rami

Rami versa du sucre dans sa tasse préférée et il mélangea son thé à la menthe. Après en avoir bu une gorgée, il grimaça.

— *Pouah !* Il y avait du sel dans le pot de sucre !

Son frère Ali éclata de rire. Il imita l'expression de dégoût de Rami.

— Je t'ai bien eu !

— Beurk ! C'était beaucoup de sel.

Rami secoua la tête, mais il ne put pas s'empêcher de rire un peu. Ali courut jusqu'à la porte.

— On fait la course jusqu'au bus ! lança-t-il avant de sortir.

— J'arrive.

Rami ne fit pas la course. Il vida son thé dans l'évier, puis il sortit de la maison.

Quand il arriva au coin de la rue, Ali pleurait.

— Rami, le bus est passé ! On l'a loupé !

L'espace d'un instant, Rami paniqua. *Est-ce qu'on peut arriver à l'école à temps si on doit marcher ?*

— Attends un peu. C'est encore une blague ? demanda-t-il.

— Je t'ai eu ! pouffa Ali. Ta tête était trop marrante !

— Tes blagues commencent à me fatiguer, soupira Rami. Pourquoi est-ce que tu n'en fais pas à quelqu'un d'autre ?

— Parce que je t'aaaaaaaime.

Rami éclata de rire. Il chatouilla les côtes de son petit frère.

— C'est comme ça que tu montres ton amour ? Au fait, n'oublie pas qu'on va au mariage de tante Khadija après l'école.

Il avait hâte d'assister au mariage. Tante Khadija lui avait demandé de lire un passage particulier lors de la cérémonie. Rami avait reçu un nouveau costume, et il s'était entraîné à lire le texte tant de fois qu'il l'avait mémorisé.

**

Ils arrivèrent tôt au mariage pour que Rami puisse voir où il devrait se placer pour lire le passage. Ensuite, ils allèrent saluer leurs grands-parents, leurs tantes, leurs oncles et leurs cousins. Chacun était habillé de manière très élégante et tout le monde était content de se voir.

Rami serra la main d'un cousin de son âge. Sur un ton poli, il répéta une expression qu'il avait entendue à la télévision :

— Adam, mon cousin, tu as fière allure.

Les deux garçons rirent.

— Je suis content de ne pas devoir mettre un costume tous les jours ! s'exclama Adam en tirant sur sa cravate.

— J'ai l'impression d'être un grand, dit Rami.

Un serveur s'arrêta à côté d'eux.

— Voulez-vous un jus de fruits frais ? leur proposa-t-il.

— Oui, merci.

Tout paraissait si élégant ! Rami prit un verre.

Ali se précipita entre son frère, Adam et le serveur. Il se saisit de deux verres en riant.

— Je vais te servir !

Le plateau soudain déséquilibré glissa de la main du serveur, et un verre de jus d'orange se renversa. Quand le verre se fracassa par terre, le jus éclaboussa tout le nouveau costume de Rami.

Tout le monde resta stupéfait.

Rami rougit. Il soupira lentement sans prononcer un seul mot.

Le père d'Ali et de Rami s'approcha en vitesse.

— Ali ! Comment as-tu pu faire ça ?

— C'était juste pour rire, dit Ali en baissant les yeux.

Son père secoua la tête.

— Ce n'était pas une plaisanterie amusante, pas du tout. Le mariage commence dans vingt minutes, et le costume de Rami est taché de jus. Tes actes auront des conséquences...

— Papa, j'ai besoin d'emprunter un costume ! dit Rami en lui coupant la parole.

Puis, à Adam :

— Tu habites près d'ici. Tu aurais quelque chose à me prêter ?

— Euh... oui. Tu pourrais peut-être mettre le costume que je portais à la pièce de théâtre de l'école ?

— Allons-y !

Accompagnés de son père, ils se ruèrent chez Adam pour que Rami puisse se changer. Il se regarda dans le miroir après avoir passé le costume.

— Il est un peu serré.

— Tiens, mets mon nouveau costume, dit Adam en enlevant sa veste. Je porterai celui-là. Je ne vais pas me tenir devant tout le monde comme toi.

Les garçons échangèrent leurs vestes.

— Merci Adam, dit Rami.

Quand ils furent de retour au mariage, les portes étaient fermées. La musique avait commencé à jouer.

— Voilà mes neveux ! *Assalam Alaykom.*

C'était tante Khadija. Habillée comme une princesse des neiges, elle attendait d'entrer dans la salle de cérémonie.

— Rami, tu es prêt pour la lecture ?

— Oui.

— Parfait. Dès que mes neveux seront assis, nous pourrons commencer, dit-elle à l'organisateur de mariage.

Le mariage fut très beau. Tout le monde était heureux pour les nouveaux mariés.

Debout devant sa famille, Rami lut :

Un mariage musulman est l'union de deux cœurs.
Leur lien d'amour est un symbole de foi, de dévouement et de confiance.
Ils promettent de se chérir, de se pardonner et de se soutenir,
à travers les moments de joie ou les moments de difficultés.

Qu'Allah bénisse cette union par la paix,
Et guide le couple alors qu'ils marchent côte à côte dans ce voyage de la vie.
Le couple, les mains jointes, jure d'être vrai.
Puissent leur amour briller de mille feux, tel une flamme éclatante.

***

Après le mariage, alors que les garçons étaient assis à une grande table avec leurs familles, Ali prit la parole :

— Avant de manger, j'aimerais dire que je suis désolé pour le jus de fruits renversé. J'essayais d'être drôle, mais je t'ai presque fait arriver en retard au mariage.

— Tu m'as bel et bien fait arriver en retard au mariage ! Tante Khadija a dû leur demander de m'attendre ! dit Rami en riant.

— Rami, j'ai été surpris que tu ne réagisses pas quand le jus a été renversé sur toi, remarqua son père. Tu n'étais pas en colère ?

— J'étais furieux ! Mais Allah aime quand nous maîtrisons notre colère et quand nous pardonnons, alors j'ai gardé mon calme. Tout ce que je pensais, c'était : comment est-ce que je vais me tirer de cette situation ?

— Tu es toujours en colère contre ton frère ? demanda son père.

— Ça ne servirait à rien de rester en colère. Je sais qu'Ali me fait des blagues parce qu'il m'aime, alors je lui pardonne.

— C'est bien vrai que je t'aime, mon frère ! s'exclama Ali. Et comme tu adores mes blagues, je continuerai à en inventer d'autres, *InchaAllah !*

Rami éclata de rire.

— Mais, s'il te plaît, pas quand je porte un nouveau costume !

Allah aime quand nous sommes capables de gérer notre colère et de pardonner. C'est normal de se sentir en colère par moments, mais il est important de la garder sous contrôle. Essayons de rester calmes et de ne pas en vouloir aux autres.

NE RÉPANDS PAS DE RUMEURS

(10) Et n'obéis à aucun grand jureur, méprisable, (11) grand diffamateur, grand colporteur de médisance, (12) grand empêcheur du bien, transgresseur, grand pécheur

Al-Qalam (La plume) 68.10-12

وَلَا تُطِعْ كُلَّ حَلَّافٍ مَهِينٍ ۝ هَمَّازٍ مَشَّاءٍ بِنَمِيمٍ ۝ مَنَّاعٍ لِلْخَيْرِ مُعْتَدٍ أَثِيمٍ ۝

HISTOIRE 13

L'art de Mohammed

M. Sanders montrait une nouvelle technique à l'aquarelle au club créatif des Érables. Ils peignirent des dessins avec de l'eau, puis ils ajoutèrent des gouttes de peinture, ce qui donna un effet tourbillonnant aux couleurs.

Omar avait écrit son prénom, puis il avait rempli les lettres de gouttes de peinture verte et bleue. Les couleurs tourbillonnaient, et les lettres étaient décorées de rayures vertes, bleues et turquoise.

— Ça me plaît, dit Mohammed. Dommage que mon prénom soit très long. L'eau sécherait avant que je puisse ajouter les couleurs.

Ce problème le fit rire.

— Qu'est-ce que vous pensez du mien ?

Toute la classe regarda le travail de Mohammed.

— *MachaAllah !* s'exclama son ami Rami.

— C'est génial ! commenta une fille.

— Mohammed, c'est super, ajouta M. Sanders.

Mohammed avait peint la silhouette d'une ville nocturne avec des tourbillons noirs et gris. Elle était surmontée d'un croissant de lune rouge et bleu et d'une étoile dorée. En se mélangeant, le bleu et le rouge devenaient du violet. Le tableau ressemblait à une véritable œuvre d'art.

— Merci, tout le monde, dit Mohammed en souriant.

Puis il soupira.

— J'ai de mauvaises nouvelles. À la fin de la semaine prochaine, je quitte le club créatif.

Des « Noooon ! » fusèrent dans la salle.

— C'est vraiment dommage !

— Mais tu es si doué pour l'art !

Omar observa ses camarades pendant qu'ils réagissaient à la nouvelle de Mohammed. Il avait peint un projecteur braqué sur un clown. Il avait ajouté des mélanges de couleurs audacieux. Et, avec de l'encre noire, il avait dessiné une minuscule fourmi. Le clown sur scène ne l'avait pas remarquée. Rami se pencha sur le dessin.

— C'est super. Tu es le clown ou la fourmi ?

— Ce n'est que de l'art, répondit Omar.

— On devrait aider Mohammed à rester dans le club, dit Rami.

— Il n'a pas envie de rester. Il en a assez du club d'art.

— Mais il est tellement créatif, dit Rami en secouant la tête.

— C'est ça, le souci. Il connaît déjà tout ce qu'on apprend ici. Ce n'est pas assez stimulant pour lui.

— C'est peut-être un problème d'argent, supposa un autre garçon.

— Leur père a un bon travail, dit Omar sur un ton railleur. Ils peuvent payer le club créatif. Ce n'est pas si cher.

Tout le monde parlait de Mohammed.

— Il n'a pas envie d'être ici.

— Il va aller dans un autre club d'art.

— On a besoin de son talent pour la prochaine fresque murale !

— Il va suivre des cours d'art à la fac.

— Je vais aller parler directement à Mohammed, décida Rami. Il y a trop de rumeurs qui courent.

Omar et quelques autres élèves le suivirent. Ils trouvèrent Mohammed en train de rentrer chez lui. Rami l'appela :

— Mohammed ! Pourquoi tu n'as plus envie de faire partie du club créatif ?

— J'en ai envie !

— Alors, pourquoi est-ce que tu t'en vas ?

Mohammed fronça les sourcils.

— On n'a pas assez d'argent en ce moment, c'est tout.

— J'en doute ! se moqua Omar. Ta mère a acheté une nouvelle voiture cet été.

— On vend la voiture. Et peut-être aussi notre maison. Mon père a de grosses factures d'hôpital. On va devoir éviter les dépenses inutiles pendant un temps.

Quand Omar vit un panneau « À vendre » dans le jardin de Mohammed, il baissa la tête, honteux.

— Je suis désolé, dit-il en rougissant. J'étais jaloux de ton travail, alors j'ai fait courir la rumeur que tu ne voulais plus faire partie du club créatif.

— Ne sois pas jaloux ! Je t'apprendrai tout ce que je sais avec plaisir ! dit Mohammed.

— Tu es un bon ami. Et c'est pour ça qu'on trouvera un moyen pour que tu restes dans le club créatif, *InchaAllah*.

***

Le lendemain, Omar avait une annonce à faire.

— Avec la permission de Mohammed, on organise une collecte de fonds pour sa famille. S'il vous plaît, demandez à votre famille et à tous vos amis de faire des dons.

Il distribua un prospectus avec la peinture de Mohammed et le site web de la collecte.

— J'ai parlé avec le secrétariat. Tous les clubs d'activités après l'école peuvent donner une bourse à un élève pour qu'il participe gratuitement. Il suffit que monsieur Sanders remplisse un formulaire. Est-ce qu'on pourrait donner la bourse du club créatif à Mohammed ?

— Oui ! cria le groupe.

M. Sanders hocha la tête.

— Super ! se réjouit Omar. Maintenant, ne faisons plus courir de rumeurs. Un club travaille main dans la main. Créons de l'art !

Allah n'aime pas les commérages. Il faut se montrer prudent lorsque nous relayons des nouvelles ou des informations dont nous ne sommes pas sûrs de la véracité.

VOIS LE BIEN CHEZ LES AUTRES

(12) Pourquoi, lorsque vous l'avez entendue [cette calomnie], les croyants et les croyantes n'ont-ils pas, en eux-mêmes, conjecturé favorablement, et n'ont-ils pas dit: « C'est une calomnie évidente ? »

An-Nur (La lumière) 24.12

لَوْلَا إِذْ سَمِعْتُمُوهُ ظَنَّ الْمُؤْمِنُونَ وَالْمُؤْمِنَاتُ بِأَنْفُسِهِمْ خَيْرًا وَقَالُوا هَذَا إِفْكٌ مُبِينٌ ﴿١٢﴾

HISTOIRE 14

Le portable d'Ahmed

Tôt le lundi matin, Youssef et Mickaël se tordaient le cou pour regarder un petit écran par-dessus l'épaule d'Ahmed.

— Tu as tellement de chance ! dit Youssef. Mes parents ne me laisseront pas avoir de téléphone avant mes douze ans.

— C'est ce que mes parents ont dit, mais mon père en a eu un nouveau et il m'a donné l'ancien, expliqua Ahmed en souriant.

Mickaël lui donna un petit coup dans les côtes.

— Je te parie qu'il sera confisqué d'ici la fin de la semaine.

— Si on utilise nos téléphones avant la classe, la maîtresse s'en fiche, dit Ahmed en haussant les épaules.

Un nouveau s'approcha du groupe en courant.

— Coucou Ahmed, c'est moi, Léo !

— Léo ! Tu vas à l'école ici ?

— Oui, c'est mon premier jour. Je viens de rencontrer ma maîtresse, madame Matthieu.

Ahmed se leva.

— Les amis, Youssef, Mickaël, je vous présente Léo. On, euh... en fait, on s'est rencontrés dans mon quartier. On pensait qu'il irait peut-être ici à l'école.

— Et me voilà ! dit Léo en souriant. Avant, j'étais à la rue. Je devais voler pour me nourrir. Mais maintenant, j'habite au foyer pour enfants de la Jolie Vallée et je vais à l'école avec vous.

Youssef se leva pour lui serrer la main.

— Je suis aussi dans la classe de madame Matthieu.

La sonnerie retentit. L'école commençait.

— C'est l'heure ! s'exclama Léo.

— Il a un peu trop hâte d'aller en classe, chuchota Mickaël à Ahmed.

— Il a une histoire difficile, répondit-il. Il est content d'être dans un bon endroit, pour une fois.

— Une histoire difficile ? demanda Youssef en haussant un sourcil.

Léo les avait entendus.

— Mes parents étaient de mauvais exemples, alors j'ai fait beaucoup d'erreurs. Mais j'essaie de devenir meilleur !

— Mickaël et moi, on est dans la classe de madame Gonzales, la porte à côté de celle de madame Matthieu. On te verra à la récré, lui dit Ahmed.

Alors qu'il se rendait en classe, il mit la main dans sa poche.

— Oh, non ! Mon portable !

— Elle ne te laissera jamais aller le chercher, dit Mickaël en montrant Mme Gonzales.

— J'espère qu'il sera toujours là à la récréation, soupira Ahmed.

***

Une heure plus tard, quand la cloche de la récréation sonna, Ahmed rangea ses outils de géométrie et il courut chercher son portable dans la cour. Léo était assis là où il avait vu son téléphone pour la dernière fois.

— Léo, tu as vu mon portable ? Je l'avais ici ce matin.

— Non.

Léo se leva pour regarder avec lui. Youssef et Mickaël l'aidèrent à chercher.

Clairement, il n'était pas là. Youssef se tourna vers Léo.

— Tu as pris son portable, c'est ça ?

— Quoi ? Non ! s'écria Léo en secouant la tête.

— Tu t'es dépêché de sortir de classe pour arriver ici avant nous, dit Youssef.

— Avant, Léo volait pour se nourrir. Il croit qu'il peut prendre tout ce qu'il veut, ajouta Mickaël sur un ton choqué.

Youssef se rapprocha de Léo.

— Tu voulais un téléphone, alors tu as pris celui d'Ahmed !

— Arrêtez ! cria Ahmed en levant les bras. Léo, est-ce que tu as pris mon portable ?

Léo serra les poings.

— Je n'ai pas pris ton portable débile ! cria-t-il avant de s'en aller, très en colère.

— Il l'a pris, dit Youssef.

— Il est coupable, c'est sûr, l'accusa Mickaël.

— Je ne sais pas, dit Ahmed. Allons voir au secrétariat.

***

— Quelqu'un vient de le rapporter, dit leur principale. C'est le tien ?

Elle tenait le téléphone d'Ahmed.

— Oui, merci !

Il tendit la main pour prendre son portable, mais la principale recula le bras.

— Ahmed, tu sais que jouer avec ton téléphone est interdit à l'école. Tu devras me donner une lettre de tes parents, avec leur permission de te le rendre.

— Oui, répondit-il avec tristesse. J'apporterai la lettre demain.

Les garçons retournèrent lentement dans la cour de récréation.

— On a fait une grosse erreur, marmonna Youssef.

— Ne t'inquiète pas, dit Ahmed. Mon père va vouloir récupérer le portable. Il va écrire la lettre. *InchaAllah,* il ne sera pas trop en colère.

— Ce n'est pas pour ça que je me sens mal. C'est le premier jour d'école de Léo, et on a douté de lui. Il était tellement heureux d'être là. Je déteste me dire qu'on lui a fait de la peine.

— Tu as raison. Allah nous demande de chercher la vérité et de ne pas faire de suppositions.

Youssef courut retrouver Léo.

— Léo, écoute, je suis désolé. On sait que tu n'as pas pris le portable.

— On n'aurait pas dû t'accuser, ajouta Mickaël. Ce n'était vraiment pas sympa de notre part.

— La prochaine fois, on ne fera que des suppositions positives, dit Ahmed en hochant la tête.

Léo sourit.

— Merci, les amis.

Essayez toujours de voir le bien chez les autres. Si quelqu'un dit du mal d'une personne, répand des rumeurs ou des mensonges, nous devons veiller à ne pas le croire tout de suite.

SOIS ACCUEILLANT

(24) T'est-il parvenu le récit des visiteurs honorables d'Ibrahim (Abraham) ? (25) Quand ils entrèrent chez lui et dirent: « Paix ! », il [leur] dit: « Paix, visiteurs inconnus. » (26) Puis il alla discrètement à sa famille et apporta un veau gras. (27) Ensuite il l'approcha d'eux…: « Ne mangez-vous pas ? » dit-il.

Adh-Dhariyat (Qui éparpillent) 51.24-27

هَلْ أَتَاكَ حَدِيثُ ضَيْفِ إِبْرَاهِيمَ الْمُكْرَمِينَ ۝ إِذْ دَخَلُوا عَلَيْهِ فَقَالُوا سَلَامًا قَالَ سَلَامٌ قَوْمٌ مُنْكَرُونَ ۝ فَرَاغَ إِلَى أَهْلِهِ فَجَاءَ بِعِجْلٍ سَمِينٍ ۝ فَقَرَّبَهُ إِلَيْهِمْ قَالَ أَلَا تَأْكُلُونَ ۝

HISTOIRE 15

L'invitation du Ramadan

— Hé, Hamza, pourquoi tu ne manges pas ? demanda Lily en s'asseyant à côté de son ami à la cantine.

— Je jeûne, aujourd'hui. Enfin, j'essaie ! se lamenta Hamza.

— Tu jeûnes ? répéta Lily, un sourcil haussé.

— C'est le mois du Ramadan. Partout dans le monde, les musulmans ne mangent pas entre le lever et le coucher du soleil. Les enfants peuvent essayer de jeûner pour se préparer, en attendant d'être plus grands.

Assis à table en face de Hamza, Tim lui demanda avec surprise :

— Tu ne manges pas de toute la journée ?

— Avec l'aide d'Allah, on peut y arriver.

— Tu dois mourir de faim à la fin de la journée, remarqua Lily.

— C'est une des raisons pour lesquelles on jeûne ! dit Hamza en souriant. Pour comprendre ce que c'est que d'avoir faim.

— C'est intéressant, dit Tim.

— Mais on a aussi d'autres raisons de jeûner pendant le Ramadan, continua son ami.

— Tu peux nous parler des autres raisons ? demanda Lily. J'ai toujours cru que pendant le Ramadan, il ne fallait pas manger la journée, et se goinfrer le soir.

— Et si tu venais manger avec nous à la maison ce soir ? Je t'en dirai plus sur le Ramadan. C'est promis !

— Ce serait vraiment super. J'aimerais beaucoup ! s'exclama Lily.

— Moi aussi. Je suis très curieux, dit Tim.

Jessica, qui était aussi assise non loin, demanda :

— Est-ce que je peux venir aussi ?

— Ce sera très amusant, dit Hamza avec enthousiasme.

Puis il réfléchit. *Je n'aurais pas dû inviter mes amis sans demander la permission à Maman d'abord.*

Il fut nerveux tout le reste de l'après-midi. Sa mère serait-elle en colère ? Auraient-ils assez à manger ?

Après l'école, il rentra chez lui en courant.

— Maman ! Je suis vraiment désolé. Par accident, j'ai invité mes amis à venir à la maison sans te demander la permission.

— Tu les as invités par accident ? répéta sa mère en le regardant fixement.

— En fait, je me suis un peu emballé. Ils s'intéressaient au Ramadan, alors je les ai invités à manger chez nous sans réfléchir.

Sa mère le prit affectueusement dans ses bras.

— La prochaine fois, tu devrais me demander d'abord, mais j'aime ton attitude. Tu te montres amical et accueillant. Tu me fais penser au Prophète Ibrahim (PBSL) et comment il accueillait des étrangers chez lui.

— Et il leur donnait à manger ! ajouta Hamza avec enthousiasme.

Maman hocha la tête.

— Si d'autres enfants viennent pour l'iftar, tu peux m'aider à préparer le repas.

— Je t'aiderai volontiers, dit Hamza. S'il te plaît, tu peux envoyer notre adresse aux parents de Tim, Lily et Jessica ?

Sans perdre de temps, ils se lancèrent dans la préparation du poulet rôti, des falafels, de deux salades et d'une soupe. Tim arriva en avance et il aida à mettre la table. À son arrivée, Lily touilla la soupe pendant que la mère de Hamza surveillait la cuisson du poulet. Jessica arriva à son tour. Elle participa à préparer le repas avec tout le monde.

Grâce à la bonne collaboration de tous, le repas fut bientôt prêt.

Tout le monde s'assit à la grande table et attendit pour commencer à manger.

— On peut déjà ressentir la joie et l'esprit du Ramadan, dit Tim.

— Vous entendez cette jolie voix ? demanda Hamza. C'est l'adhan, l'appel à la prière. Maintenant, on peut manger.

Après avoir dit « Bismillah » et récité le doua de l'iftar, les parents de Hamza invitèrent tout le monde à commencer à manger.

— Comme vous le voyez, nous avons des dattes et des verres d'eau pour rompre le jeûne. Les dattes nous donnent rapidement de l'énergie, et l'eau nous hydrate, expliqua Hamza.

Après avoir interrompu le jeûne, chacun remplit son assiette. Les amis de Hamza discutaient, riaient et découvraient de nouvelles saveurs délicieuses.

— C'est vraiment amusant que vous soyez tous là ! s'exclama joyeusement Hamza.

— Hamza, tu as promis de nous parler du Ramadan, lui rappela Tim.

— Tu as raison. Pendant le mois du Ramadan, on se rapproche de Dieu, on est reconnaissant pour ce que l'on a et on aide les personnes dans le besoin, en faisant de bonnes actions ou des actes charitables. Et, comme mes parents me disent toujours, il faut essayer de garder ces merveilleuses habitudes après le Ramadan.

Les parents de Hamza le regardaient avec une grande fierté.

— Le Ramadan est plus que ça, lui dit son père en souriant. Mais, à ton âge, c'est suffisant.

Après le repas, Hamza invita ses amis dans sa chambre. Il souhaitait leur montrer sa routine quotidienne pendant le Ramadan.

— Ici, c'est le coin tranquille de ma chambre. Mes parents m'ont aidé à le créer. Je me sers de ce tapis de prière tous les jours pour prier.

Hamza leur montra comment il priait et combien de fois il devait se prosterner lors de chaque prière.

— Et voici mon livre très précieux, le Coran. J'en lis quelques versets tous les soirs avant de dormir. Et enfin, voici mon journal de bord pour le mois, ajouta-t-il en leur montrant un cahier. J'y note toutes mes bonnes actions et mes actes charitables, et aussi les passages du Coran et les douas que je lis pendant le mois.

Les choses fantastiques que l'on pouvait faire pendant le Ramadan intéressaient tout le monde. Les enfants étaient impressionnés par toutes les bonnes actions et les actes charitables que Hamza avait déjà accompli, et ceux qu'il avait l'intention de faire les jours suivants. Ils se sentaient reconnaissants d'avoir un si bon ami.

**

À la fin de la soirée, chacun se prépara à s'en aller.

— J'ai beaucoup aimé découvrir le Ramadan. Merci beaucoup, dit Jessica.

— J'ai beaucoup appris sur le Ramadan, ajouta Tim.

— Maintenant, je sais que ce n'est pas seulement en rapport avec la nourriture, dit Lily en souriant.

Tout le monde éclata de rire.

Hamza sourit. Il était fier d'être un musulman accueillant.

Allah veut que nous soyons hospitaliers. Lorsqu'une personne vient nous rendre visite,
nous devons l'accueillir chaleureusement, lui offrir à manger et nous assurer qu'elle
se sent à l'aise chez nous.

SOIS RESPECTUEUX, NE TE MOQUE PAS DES AUTRES

(11) Ô vous qui avez cru ! Qu'un groupe ne se raille pas d'un autre groupe: ceux-ci sont peut-être meilleurs qu'eux. Et que des femmes ne se raillent pas d'autres femmes: celles-ci sont peut-être meilleures qu'elles. Ne vous dénigrez pas et ne vous lancez pas mutuellement des sobriquets (injurieux) (...)

Al-Hujurat (Les appartements) 49.11

يَا أَيُّهَا الَّذِينَ آمَنُوا لَا يَسْخَرْ قَوْمٌ مِنْ قَوْمٍ عَسَىٰ أَنْ يَكُونُوا خَيْرًا مِنْهُمْ وَلَا نِسَاءٌ مِنْ نِسَاءٍ عَسَىٰ أَنْ يَكُنَّ خَيْرًا مِنْهُنَّ ۖ وَلَا تَلْمِزُوا أَنْفُسَكُمْ وَلَا تَنَابَزُوا بِالْأَلْقَابِ (...) ﴿١١﴾

HISTOIRE 16

Wendy

— *Assalam Alaykom.*

Samira posa son sac à dos par terre dans la cuisine.

— *Wa Alaykom Assalam.* Devine quoi, Maman ? Demain, une nouvelle élève va faire partie de notre classe. Elle s'appelle Wendy. Madame Henderson a dit que Wendy est *soupe* !

— Pardon ? demanda sa mère, surprise.

— Oui, elle n'entend rien du tout ! Elle parle en langue des signes.

— Oh, Samira, dit sa mère en secouant la tête. Wendy n'est pas *soupe*, elle est *sourde*. Quelqu'un de sourd, c'est une personne qui n'entend rien.

Samira hocha la tête.

— Oh. C'est plus logique, dit-elle en ramassant son sac. Est-ce qu'on pourrait aller emprunter un livre sur la langue des signes à la bibliothèque ? J'aimerais lui dire comment je m'appelle !

— C'est une excellente idée, répondit sa mère en souriant.

***

Le lendemain, pendant la récréation, Samira s'entraîna à l'aide de son livre.

— Bonjour. (Un geste des deux mains.) Je m'appelle... (Elle se pointa du doigt, puis elle tapota son index et son majeur contre ceux de son autre main.) S-A-M-I-R-A.

Oh, épeler son prénom avec ses doigts était un peu difficile !

Quand elle trouva Wendy, elle lui dit en langue des signes :

— Bonjour, je m'appelle Samira.

Avec un grand sourire, Wendy signa en retour :

— Bonjour, je m'appelle Wendy...

Mais Samira ne comprit pas la suite. Wendy regarda M. James, son interprète, et elle reproduisit les signes.

— Tu veux bien jouer à la marelle avec moi ? demanda-t-il à Samira.

— Euh... d'accord, répondit-elle sur un ton hésitant. Avec vous ?

— Non, non. Avec Wendy. Je traduis ce qu'elle a dit, expliqua M. James.

Samira éclata de rire.

— Je n'avais pas compris. Je ferais mieux d'apprendre la langue des signes pour lui parler directement !

Wendy signa. M. James traduisit :

— Wendy aimerait beaucoup que tu apprennes la langue des signes !

Jessica et Malak vinrent rejoindre Samira et Wendy pendant qu'elles jouaient à la marelle.

— Pourquoi le père de la nouvelle l'accompagne à l'école ? demanda Jessica.

Samira se tourna vers Wendy, un peu perdue.

— Monsieur James, c'est ton papa ?

Wendy haussa les épaules et tapota son oreille. Elle n'avait pas entendu.

— Quel gros bébé ! dit Malak en levant les yeux au ciel. Elle ne peut pas répondre à une question simple !

— Monsieur James, c'est ton papa ? répéta Samira plus fort.

Wendy regarda les lèvres de Samira remuer, puis elle secoua la tête.

— Pas mon père ! Mon interprète.

Jessica et Malak gloussèrent.

— Sa voix est marrante ! dit Jessica. On dirait un canard !

— Allez, Samira. Viens jouer avec nous au lieu de rester avec ce bébé stupide, ajouta Malak en riant.

***

Plus tard dans la matinée, Mme Henderson fit une annonce.

— Hamza est malade. Nous avons besoin d'un remplaçant dans l'équipe de la classe 6 pour les Olympiades de mathématiques. Quelqu'un souhaite se porter volontaire ?

Wendy leva la main.

— Moi !

— Merci, Wendy. Tim, Malak et Wendy forment maintenant l'équipe de la salle 6, dit Mme Henderson.

— Mais Wendy est trop lente pour participer aux Olympiades ! murmura Malak, surprise. Elle parle comme un bébé !

Des chuchotements s'entendirent dans la classe.

— La sourde ?

— Vous allez perdre, maintenant !

— C'est une idiote.

Après le déjeuner, tous les élèves du cours préparatoire se réunirent dans l'auditorium. Tim, Malak et Wendy étaient assis à une table en face de trois enfants de la salle 5. M. James se tenait à côté de leur principale. Il traduisit les règles pour Wendy.

Quand la principale montra le premier problème mathématique, Wendy fut la première à lever la main.

— Quarante-huit ! signa-t-elle.

— C'est correct. Un point pour la salle 6 !

Samira et ses camarades de la salle 6 applaudirent.

Question après question, Wendy connaissait les réponses. L'équipe de la salle 5 remporta quelques points en répondant plus vite, mais la salle 6 ne donna pas une seule mauvaise réponse.

— Je n'arrive pas à croire qu'on a gagné ! s'écria Jessica.

— *Alhamdoulillah*, on passe à la deuxième manche ! dit Samira.

Lors de la deuxième manche, la salle 6 affronta la salle 4. Grâce à l'esprit vif de Wendy, la salle 6 gagna une fois de plus.

Wendy et M. James montrèrent aux élèves de la salle 6 comment les personnes sourdes « applaudissent » : en agitant leurs mains sans bruit.

— C'est silencieux, mais ça montre à Wendy que vous l'encouragez, expliqua M. James.

Malak descendit de la scène et elle courut vers Samira.

— Tu as ton livre de bibliothèque ? lui demanda-t-elle.

Malak feuilleta le livre de Samira et elle trouva le signe qu'elle cherchait. Elle demanda à M. James de traduire :

— Wendy, tu es vraiment intelligente. Tu es plus forte que nous tous en maths. Je n'aurais pas dû me moquer de toi et te traiter de bébé.

Puis elle frotta son poing contre sa poitrine, le signe qui signifie « je suis désolée ».

La salle 6 passa à la manche finale contre la salle 1. Toute la classe était surexcitée. Pendant que Wendy menait la salle 6 vers la victoire, tout le monde agita les mains sans bruit pour l'encourager.

Allah veut que nous soyons gentils et que nous disions de belles choses aux autres.
Nous ne devrions pas insulter ou ridiculiser les gens à cause de leur apparence ou
de leur manière de parler. Nous devons toujours être respectueux et traiter les autres
comme nous souhaitons être traités.

FAIS TOUJOURS LE BIEN

(34) La bonne action et la mauvaise ne sont pas pareilles. Repousse (le mal) par ce qui est meilleur; et voilà que celui avec qui tu avais une animosité devient tel un ami chaleureux.

Fussilat (Les versets détaillés) 41.34

وَلَا تَسْتَوِى الْحَسَنَةُ وَلَا السَّيِّئَةُ ۚ ادْفَعْ بِالَّتِى هِىَ أَحْسَنُ فَإِذَا الَّذِى بَيْنَكَ وَبَيْنَهُ عَدَاوَةٌ كَأَنَّهُ وَلِيٌّ حَمِيمٌ ﴿٣٤﴾

HISTOIRE 17

Pas de harcèlement dans la salle 6

Le lendemain des Olympiades de mathématiques, Mme Henderson lut *Moi, j'aime pas les tomates !* à la classe de cours préparatoire de la salle 6. Tout le monde aima la fin de l'histoire, quand la petite fille difficile avec la nourriture finit par avouer, sans vraiment le dire, qu'elle adore les tomates.

Mme Henderson demanda à la classe d'écrire sur le fait d'essayer quelque chose de nouveau. Elle afficha les textes au mur pour que tous puissent les lire.

Hamza avait écrit :

> *Je ne pensais pas que j'aimerais l'avocat. C'est vert et gluant. Ma mère m'a préparé un sandwich avec du fromage frais, de l'avocat et de la tomate et elle m'a dit que je devais goûter une bouchée. C'était super bon. Maintenant, je demande de l'avocat dans tous mes sandwichs !*

Wendy avait écrit :

> *Je voulais faire partie de l'équipe des Olympiades de mathématiques, mais je n'aime pas parler en public. En plus, pour ne rien arranger, des filles m'ont traitée de bébé stupide. J'ai quand même participé aux Olympiades et j'ai montré à tout le monde que je suis forte en maths. Toute ma classe m'a encouragée. Une fille s'est excusée de s'être moquée de moi et de m'avoir traitée de bébé stupide. J'espère qu'on deviendra amies.*

Hamza poussa un cri de surprise en lisant le texte.

— Qu'est-ce qu'il y a ? lui demanda Ali.

— Je n'arrive pas à croire que quelqu'un a traité Wendy de bébé stupide son premier jour d'école, répondit-il en secouant la tête.

— C'est parce que c'est difficile de lui parler.

— Peu importe. C'est très mal de se moquer de quelqu'un ou de l'insulter. Surtout une personne handicapée.

Ali haussa les épaules.

— Ça arrive tout le temps. On s'est déjà moqué de nous parce qu'on est musulmans. Au travail de mon père, on se moque de lui à cause de son accent. Mon frère Rami a été harcelé à cause de la couleur de sa peau.

— Mais ça ne devrait pas arriver, insista Hamza. On peut tous être courageux et gentils comme Wendy, et mettre fin au harcèlement.

— Le bien triomphera du mal ! dit Ali d'une voix grave en prenant une voix de superhéros.

— J'aimerais montrer à tout le monde que la gentillesse triomphe sur le harcèlement. Tu veux bien m'aider à créer des affiches ? lui demande Hamza.

Ali prit de grandes feuilles de papier. Hamza trouva des feutres. Pendant qu'ils dessinaient, d'autres élèves les imitèrent.

Hamza et Ali créèrent des affiches avec les messages : « Essaie d'être gentil ! » « Respectez-vous les uns les autres ! » et « C'est bien d'être différent ! »

Sur les affiches de Jessica et Lily, il y avait les messages : « Assieds-toi avec quelqu'un de nouveau aujourd'hui ! » et « Invite quelqu'un que tu ne connais pas à jouer ! »

Sur la sienne, Samira avait écrit : « Apprends à me connaître ! Ne dis pas de méchancetés sur moi ! »

Wendy créa une affiche sur laquelle elle écrivit : « N'arrête jamais de rêver, même si on se moque de toi ! »

À la fin de leur temps libre, les élèves de la salle 6 avaient huit posters à accrocher dans l'école.

— Vous êtes en train de créer une culture positive à l'école, leur dit Mme Henderson. Dans notre classe et dans notre école, nous souhaitons que tout le monde se sente en sécurité, apprécié et accepté.

— On peut tous faire des efforts pour ne pas se moquer des autres enfants et ne pas être méchants avec eux, ajouta Hamza.

Ali reprit sa pose de superhéros et dit d'une voix grave :

— Ensemble, nous mettrons fin au harcèlement !

Il montra l'un des nouveaux posters, celui qui portait le message : « Pas **de harcèlement** dans la salle 6 ! »

— Exactement, dit Mme Henderson. Vous n'êtes pas obligés d'être les meilleurs amis de tout le monde, mais vous pouvez toujours être gentils. Et maintenant, c'est l'heure du cours de maths.

Elle attendit que chacun s'installe à sa place. Ali leva la main.

— Je peux m'asseoir à côté de Wendy ? Elle est très forte en maths !

— Asseyons-nous tous à côté de quelqu'un avec qui on n'a jamais travaillé, proposa Hamza.

Mme Henderson éclata de rire.

— Essayons ! Que tout le monde change de place.

Allah nous ordonne de traiter les autres avec gentillesse et équité, même dans l'adversité. En répondant à la négativité avec patience et sagesse, nous pourrions peut-être transformer nos ennemis en amis.

TIENS TES PROMESSES

(2) Ô vous qui avez cru ! Pourquoi dites-vous ce que vous ne faites pas ? (3) C'est une grande abomination auprès d'Allah que de dire ce que vous ne faites pas.

As-Saf (Le rang) 61.2-3

يَا أَيُّهَا الَّذِينَ آمَنُوا لِمَ تَقُولُونَ مَا لَا تَفْعَلُونَ ۞ كَبُرَ مَقْتًا عِنْدَ اللَّهِ أَنْ تَقُولُوا مَا لَا تَفْعَلُونَ ۞

HISTOIRE 18

La course d'obstacles

— Nous organisons une compétition, déclara M. Hall, le professeur de sport du cours préparatoire. Les garçons contre les filles !

La salle 6 avait sport ce jour-là. Tous les élèves avaient hâte de commencer la journée dans le gymnase.

— Les vainqueurs auront de la pizza pour le déjeuner, continua M. Hall. Les perdants devront aider à ranger la cour de l'école.

Samira et Lily commencèrent à chantonner :

— Les filles ! Les filles ! Les filles !

Toutes les filles les imitèrent.

Les garçons se regroupèrent. Ils se mirent à murmurer entre eux.

— Il faut qu'on gagne.

— Qu'on coopère.

— Qu'on batte les filles.

— Pizza ! Pizza ! Pizza !

— J'ai besoin que tout le monde me fasse une promesse, reprit M. Hall.

Tout le monde se tut.

— Vous devez faire preuve d'esprit sportif et être fair-play. Si vous promettez de ne pas tricher, la course sera très amusante !

M. Hall attendit que tous les élèves promettent. Il leur expliqua ensuite en quoi consistait la course d'obstacles.

Les élèves effectueraient le parcours d'un côté à l'autre en relais.

— Je vous conseille de faire passer la personne qui court le plus vite en dernier, pour finir avec quelqu'un de fort, dit-il.

Tout le monde se mit en ligne. M. Hall donna un coup de sifflet pour faire débuter la course.

Jessica s'élança pour l'équipe des filles, et Hamza pour celle des garçons. Côte à côte, ils coururent jusqu'à la poutre au sol et ils la passèrent avec prudence. Ils firent de grands pas pour marcher dans des rangées de pneus, gravirent une échelle, escaladèrent un pont en corde, descendirent une rampe en courant et foncèrent pour toucher la main de la personne suivante.

Les deux prochains adversaires, Leïla et Tim, devaient effectuer le parcours dans l'autre sens : monter la rampe, traverser le pont en corde, descendre l'échelle, marcher dans les pneus, puis passer la poutre au sol. Ils coururent pour taper dans la main de Lily et Alexandre.

Tous les autres élèves dans le gymnase applaudissaient et criaient le prénom de leurs amis.

Au quatrième passage sur le parcours, les garçons avaient pris une avance visible sur les filles. Quand Ali, le dernier de son équipe, commença à courir, les garçons étaient loin devant.

Les filles encouragèrent Fatima. C'était leur coureuse la plus rapide et la dernière fille à passer en relais.

— Tu peux y arriver ! Bats les garçons ! Pense à la pizza !

Ali avait déjà passé les pneus et il montait l'échelle. Fatima courut à toute allure pour combler l'écart entre eux.

Elle passa la poutre au sol en un clin d'œil, puis elle traversa les pneus en bondissant.

— Allez, Fatima ! Vas-y ! criaient les filles.

Quand Ali sauta sur le pont, l'une des cordes cassa tout à coup. Il glissa et tomba lourdement par terre.

— Oh là ! *Aïe !* Ma cheville !

Fatima était juste derrière lui. Elle courut rejoindre son ami.

— Ça va ?

— Vas-y, Fatima ! Vas-y ! hurlèrent ses camarades. Tu as une chance ! On peut gagner !

— Ça fait mal, répondit Ali, mais *InchaAllah*, je pourrai finir la course.

— Tu devras passer sur le parcours des filles. Le pont des garçons est cassé. Viens.

Fatima l'aida à se relever et à marcher jusqu'au parcours des filles. Elle aida Ali à grimper sur un pied. Puis, ensemble, ils traversèrent le pont en corde.

Alors que Fatima aidait Ali à descendre la rampe, il lui demanda :

— Tu ne veux pas gagner ?

— Si on finit en même temps, on pourra partager la pizza, lui chuchota Fatima. Et les filles et les garçons pourront ranger la cour ensemble. Et puis, j'ai promis d'avoir l'esprit sportif. Ce ne serait pas fair-play de foncer pour gagner la course alors que ton pont en corde s'est cassé.

Bras dessus, bras dessous, ils passèrent la ligne d'arrivée ensemble.

Allah nous demande de toujours tenir nos promesses et de ne pas trahir la confiance que les autres placent en nous. Nous devons toujours être honnêtes et fidèles à notre parole.

DÉPENSE OU CONSOMME AVEC SAGESSE

(67) Qui, lorsqu'ils dépensent, ne sont ni prodigues ni avares mais se tiennent au juste milieu.

Al-Furqan (Le discernement) 25.67

وَالَّذِينَ إِذَا أَنْفَقُوا لَمْ يُسْرِفُوا وَلَمْ يَقْتُرُوا وَكَانَ بَيْنَ ذَٰلِكَ قَوَامًا ﴿٦٧﴾

HISTOIRE 19

La foire aux livres

Leïla et Samira passèrent toute la récréation à la foire aux livres. Après le déjeuner, elles y retournèrent.

— Je veux tous les livres ! dit joyeusement Samira.

— Moi aussi ! s'exclama Leïla. Lequel est-ce que tu vas acheter ?

— C'est difficile de décider. J'ai dix euros. Donc, je peux avoir deux de ces livres.

Samira montra une série de romans avec des dragons et des licornes. Puis elle souleva un gros livre sur les records du monde.

— Ou alors, je pourrais acheter *ça* !

Leïla eut une idée.

— J'ai dix euros, moi aussi ! Ensemble, on pourrait acheter les quatre livres de la série. Je lirai le premier, puis je te le passerai. Comme ça, on lira toutes les deux la série complète.

— Faisons comme ça ! accepta Samira.

Mme Monroe, la bibliothécaire, secoua la tête.

— Les filles, vous avez mis trop longtemps à décider. C'est l'heure d'aller en classe, maintenant. Vous pourrez acheter les livres demain.

— Oh... zut, soupira Samira en reposant les livres sur l'étagère. À demain, madame Monroe.

Elles allèrent en classe pour suivre la leçon de français avec Mme Henderson, puis elles se rendirent au gymnase pour l'heure de sport. Après l'école, elles rentrèrent chez elles ensemble.

— Je meurs de faim, dit Leïla. Il reste quelque chose dans ton panier-repas ?

— Non, désolée, répondit Samira. J'ai tout mangé.

— J'ai toujours faim les jours de sport. Allons acheter de la glace.

— Je dois demander à ma mère d'abord, dit Samira.

Quand elles arrivèrent chez elle, sa mère refusa.

— Pourquoi ne pas goûter ici ? Je vais vous préparer un sandwich.

— Non, merci, répondit Leïla.

Après leur avoir dit au revoir, elle se précipita chez le glacier.

***

Le lendemain, pendant la récréation, les filles coururent acheter les livres à la bibliothèque. Elles se mirent en file, chacune avec deux tomes de la série.

— Dix euros, dit Mme Monroe.

Leïla compta son argent.

— Oh, non ! Je n'ai que quatre euros.

Je suis désolée, Leïla, mais malheureusement tu n'as pas suffisamment d'argent pour acheter ces livres.

— Mais, Leïla, l'interrompit Samira, je croyais que tu avais dix euros.

— Oui, mais j'ai dépensé six euros chez le glacier hier. Ce n'est pas grave. Achète deux livres, et j'en achèterai les deux autres l'année prochaine *InchaAllah*.

— Je n'ai pas envie de commencer une série si je dois attendre un an pour la compléter. C'était une bonne idée, mais tu n'as pas dépensé ton argent avec sagesse. Maintenant, je préfère avoir le livre sur les records du monde.

Elles allèrent toutes les deux reposer les livres sur l'étagère.

— Je suis vraiment désolée, dit Leïla en essuyant une larme.

— Ce n'est pas grave ! Ça ne change rien au fait que tu es ma meilleure amie.

— Merci, dit Leïla.

Samira la prit par la main.

— Viens, je vais t'acheter un livre maintenant et tu me rembourseras plus tard, quand tu auras de l'argent.

Allah nous recommande d'éviter le gaspillage et les excès afin de vivre dans la modération et l'équilibre.

INSTRUIS-TOI

(114) Que soit exalté Allah, le Vrai Souverain ! Ne te hâte pas [de réciter] le Coran avant que ne te soit achevée sa révélation. Et dis: « Ô mon Seigneur, accroît mes connaissances ! »

Taha (Ta-ha) 20.114

فَتَعَالَى اللَّهُ الْمَلِكُ الْحَقُّ ۗ وَلَا تَعْجَلْ بِالْقُرْآنِ مِنْ قَبْلِ أَنْ يُقْضَى إِلَيْكَ وَحْيُهُ ۖ وَقُلْ رَبِّ زِدْنِي عِلْمًا ۝

HISTOIRE 20

Ahmed apprend l'arabe

— Trois mois sans entraînement de foot ! Qu'est-ce qu'on va bien pouvoir faire jusqu'au printemps ? demanda Youssef à Mickaël et Ahmed.

En plus des matchs les samedis, l'équipe de football de CE2 s'était entraînée quatre fois par semaine. Les garçons auraient beaucoup plus de temps libre pendant les mois d'hiver.

— Mon père a promis de m'apprendre l'arabe, dit Ahmed. Il a vraiment hâte. Il a tout préparé, comme pour un vrai cours.

— Pourquoi est-ce que tu veux apprendre l'arabe ? demanda Mickaël. Ton père devrait plutôt t'apprendre l'anglais. Comme ça, tu auras des bonnes notes l'année prochaine !

Ahmed sourit. Il se sentait chanceux d'avoir une famille qui parlait plusieurs langues et il était impatient d'apprendre l'anglais à l'école.

— Quand ma famille prie, on récite les prières en arabe. J'aimerais comprendre ce que l'on dit.

— Tu n'es pas obligé d'apprendre toute la langue ! Mémorise simplement les mots, comme moi.

— Je vais à la mosquée depuis que je suis tout petit, expliqua Ahmed avec un grand sourire. J'ai déjà mémorisé tout le Juz Amma.

— Alors, tu en sais assez, affirma Youssef en haussant les épaules.

Ahmed secoua la tête.

— Ma foi grandit. Il est temps que j'en apprenne plus.

— Tu prends tout ça trop au sérieux, dit Mickaël en riant. Moi, je n'apprendrais jamais une vieille langue pendant mon temps libre.

— Le Coran est très ancien, mais il est plein de vie. J'apprends tellement avec lui. Un jour, j'aimerais le lire tout seul, dit Ahmed.

***

Ahmed et son père suivirent les leçons d'un manuel pour apprendre l'arabe. Après trois mois, Ahmed pouvait lire les belles lettres arabes et il connaissait de nombreux mots. Chaque fois qu'ils s'entraînaient, son père lui disait en souriant :

— Je suis vraiment fier de tout ce que tu as appris.

— C'est encore très difficile de comprendre le Coran, avoua Ahmed.

— Je sais ! Mais ces choses prennent du temps. Nous continuerons d'étudier le Coran ensemble. Un jour, tu le liras seul.

***

Le lendemain à l'école, Ahmed avait du mal à se concentrer. Les entraînements de football reprendraient bientôt. *Est-ce qu'il existe un mot arabe pour football ?* se demanda-t-il pendant le déjeuner. Il sortit son portable, ouvrit l'application de dictionnaire arabe-français et écrivit « football ».

Mme Matthieu s'éclaircit la gorge.

— Ahmed, tu sais que les téléphones portables ne sont pas autorisés à l'école.

— Je suis désolé ! dit-il en rangeant tout de suite le portable. Je cherchais un mot dans le dictionnaire. Je ne me servirai plus de mon téléphone à l'école. S'il vous plaît, donnez-moi une autre chance.

— Tut-tut-tut, dit Mme Matthieu d'un air sévère. Bon, si c'était pour utiliser le dictionnaire, je vais laisser passer. Merci d'avoir rangé ton téléphone.

Youssef donna un petit coup de coude à Ahmed.

— Fais attention, Ahmed. À force d'avoir des ennuis à l'école, tu auras des ennuis avec Allah. Il finit par arrêter d'être indulgent si tu continues à mal te comporter.

Ahmed baissa la tête. Était-ce vrai ? Allah arrêterait-Il de lui pardonner s'il faisait trop d'erreurs ? Il pensa à une phrase qu'il avait lue la veille avec son père.

Après l'école, il montra à Youssef le passage du Coran sur son portable.

لَا تَقْنَطُوا مِنْ رَحْمَةِ اللَّهِ

Ahmed lut les lettres. Elles étaient familières à tous les deux.

— *Ne perds pas espoir dans la miséricorde d'Allah,* traduisit Ahmed.

Youssef hocha la tête.

— C'est vraiment réconfortant. Je devrais apprendre l'arabe, moi aussi.

— Et moi, je devrais faire plus d'efforts pour ne plus avoir d'ennuis à l'école, dit Ahmed. Je dois y aller. *Assalam Alaykom.*

Il avait hâte de raconter à son père qu'il avait lu un passage du Coran tout seul.

Allah veut que nous continuions toujours à apprendre et à développer nos connaissances. Il est essentiel de ne jamais arrêter d'apprendre, car cela nous aide à devenir de meilleures personnes dans nos cœurs et nos esprits.

RÉPONDS À UNE SALUTATION D'UNE MANIÈRE APPROPRIÉE

(86) Si on vous fait une salutation, saluez d'une façon meilleure; ou bien rendez-la (simplement). Certes, Allah tient compte de tout.

An-Nisa (Les femmes) 4.86

وَإِذَا حُيِّيتُم بِتَحِيَّةٍ فَحَيُّوا بِأَحْسَنَ مِنْهَا أَوْ رُدُّوهَا ۗ إِنَّ اللَّهَ كَانَ عَلَىٰ كُلِّ شَىْءٍ حَسِيبًا ﴿٨٦﴾

HISTOIRE 21

La Journée des Grands-Parents

La cantine était en pleine effervescence. Tous les élèves avaient invité leurs grands-parents à déjeuner à l'école pour la journée des grands-parents.

Fatima tenait sa grand-mère par la main.

— Viens, Mamie. Je vais te montrer où on déjeune avec mes amis.

Lorsqu'elles arrivèrent à la table, Tim était déjà là avec ses grands-parents. La grand-mère de Tim tendit la main.

— Bonjour, je suis Cathy. Et voici mon mari, Kevin.

— *Assalam Alaykom*, Cathy, dit Mamie en lui serrant la main. *Assalam Alaykom*, Kevin. Ravie de vous rencontrer.

Fatima rougit.

— Mamie, qu'est-ce que tu fais ? chuchota-t-elle. Tu m'embarrasses. Dis *bonjour*, tout simplement.

Elle ouvrit son panier-repas. Elle sortit un sandwich pour elle et un autre pour Mamie.

Sa grand-mère s'assit sur la chaise à côté d'elle.

— Qu'est-ce qu'elle a dit, ta grand-mère ? demanda Tim.

— C'est juste une salutation en arabe, répondit Fatima.

Sa grand-mère sourit chaleureusement.

— *Assalam Alaykom*, ça veut dire *que la paix soit sur toi*. C'est une ancienne salutation qui remonte au premier homme, le Prophète Adam (PBSL), quand il a salué les anges.

— Parlons simplement en français, d'accord, Mamie ? l'interrompit Fatima. Regarde, c'est Jessica.

Son amie posa son plateau sur la table.

— Je vous présente mon *abuela* ! dit-elle en tapant dans ses mains. Elle s'appelle Flor. Ça veut dire *fleur* en espagnol !

Papi Kevin, Mamie Cathy et tous les enfants la saluèrent.

— Bonjour, Flor.

— *Assalam Alaykom,* Flor, ajouta Mamie.

Abuela Flor sourit et posa sa main sur son cœur.

— *Mucho gusto.*

— Qu'a dit ta grand-mère ? demanda Tim, le regard brillant.

— *Mucho gusto,* répéta Jessica. Ça veut dire *ravie de vous rencontrer* en espagnol. Essaie : *Mu-cho gu-sto.*

— *Mu-cho gu-sto,* répéta Tim.

— C'est ça, dit Jessica. Essaie avec mon *abuela* !

— *Mucho gusto,* Flor, dit-il en lui tendant la main.

Abuela Flor avait un grand sourire. Elle remercia Tim en espagnol.

— *Gracias.*

— C'est génial, dit Fatima. Je veux essayer ! *Mu-cho gu-sto.*

— Tu as réussi ! la félicita Jessica.

C'était la première fois que Fatima parlait espagnol.

— C'est amusant ! *Mucho gusto !* dit-elle à *Abuela* Flor.

Pendant que Jessica et son *abuela* s'asseyaient, Fatima murmura à Mamie :

— Mes amis aimeraient peut-être apprendre à dire *Assalam Alaykom.*

— J'en suis sûre, répondit Mamie. C'est agréable de répondre à une salutation de la bonne manière.

Fatima partagea son idée avec les autres :

— Quand Leïla arrivera avec son grand-père, saluons-le en arabe ! Il suffit de dire *As-sa-lam A-lay-kom*.

Les amis de Fatima s'entraînèrent.

— *As-sa-lam A-lay-kom*.

— Bonjour, tout le monde, dit Leïla quand elle posa son repas sur la table. Je vous présente mon grand-père, Mohammed.

— *Assalam Alaykom,* dirent tous les enfants.

— *Wa Alaykom Assalam,* répondit Papi Mohammed en souriant. La paix soit sur vous aussi.

***

Entourée de grands-parents et d'amis, Fatima se sentait emplie de chaleur et d'amour. Elle était heureuse de partager sa culture et d'apprendre des autres.

Quand le déjeuner prit fin et que les grands-parents commencèrent à partir, Fatima serra sa grand-mère dans ses bras.

— Je suis tellement contente que tu sois venue aujourd'hui, Mamie. Je suis fière de celle que je suis grâce à toi.

— Je suis fière de toi, moi aussi, ma chérie, dit sa grand-mère en la serrant à son tour dans ses bras. Et souviens-toi de toujours répondre à une salutation avec encore plus de gentillesse et d'amour.

Être poli est important pour Allah. C'est comme témoigner de l'amour. Lorsque quelqu'un nous salue, nous devons non seulement lui rendre le salut, mais c'est encore mieux de le faire gentiment et de manière appropriée.

DÉFENDS TOUJOURS CE QUI EST JUSTE

(135) Ô les croyants ! Observez strictement la justice et soyez des témoins (véridiques) comme Allah l'ordonne, fût-ce contre vous-mêmes, contre vos père et mère ou proches parents. Qu'il s'agisse d'un riche ou d'un besogneux, Allah a priorité sur eux deux (...)

An-Nisa (Les femmes) 4.135

يَا أَيُّهَا الَّذِينَ آمَنُوا كُونُوا قَوَّامِينَ بِالْقِسْطِ شُهَدَاءَ لِلَّهِ وَلَوْ عَلَى أَنْفُسِكُمْ أَوِ الْوَالِدَيْنِ وَالْأَقْرَبِينَ ۚ إِنْ يَكُنْ غَنِيًّا أَوْ فَقِيرًا فَاللَّهُ أَوْلَىٰ بِهِمَا (...) ﴿١٣٥﴾

HISTOIRE 22

Les bombes à eau

— Adam ! *Assalam Alaykom !*

Ali serra son cousin aîné dans ses bras.

— *Wa Alaykom Assalam,* répondit Adam. Je ne t'ai pas revu depuis le mariage de tante Khadija !

Le frère d'Ali, Rami, salua son cousin en tapant son poing contre le sien.

— Adam ! Comment ça va, mon pote ?

— Bien. Merci de m'avoir invité. J'ai apporté des ballons. On devrait faire une bataille de bombes à eau demain !

— Demain ? Faisons-la maintenant ! s'exclama Rami.

— D'accord, dit Adam en riant. Laisse-moi poser mon sac, je vais les sortir.

Rami emmena Adam dans sa chambre pour qu'il sorte les ballons de son sac. Ali les suivit. Mais quand ils allèrent remplir les ballons d'eau dans la salle de bains, la pièce était trop petite pour eux trois.

— Ali, tu peux nous laisser de la place ? demanda Rami à son petit frère.

Ali fourra une poignée de ballons vides dans sa poche et il alla attendre dans la cuisine. Caché derrière la porte, il espionna son frère et son cousin. Dès que Rami et Adam sortirent de la maison, Ali retourna dans la salle de bains pour remplir d'eau sa réserve de ballons.

Il pouvait entendre les garçons plus âgés jouer dans le jardin. Il se dépêcha d'attacher le dernier ballon. Les ballons dans son T-shirt, il sortit par la porte d'entrée. En marchant sur la pointe des pieds, il alla se cacher derrière les buissons pour tendre un piège à Rami et Adam.

Maman interrompit le plan d'Ali en criant :

— Les garçons ! Rentrez. Tout de suite !

Elle avait l'air en colère. Rami et Adam échangèrent des regards surpris en rentrant dans la maison.

Ali cacha sa réserve de ballons. Puis il courut jusqu'à l'arrière de la maison et il se glissa discrètement à l'intérieur, juste à temps pour entendre sa mère dire :

— Vous avez laissé le robinet ouvert dans la salle de bains ! Regardez-moi ces dégâts.

De l'eau avait coulé sur le comptoir de la salle de bains et gouttait par terre. Leur mère avait stoppé l'inondation avec une serviette, mais tout était mouillé.

— Oh, non ! Je suis vraiment désolé, Tante Salma, dit Adam.

— On va nettoyer, ajouta Rami.

Ali observait la scène avec des yeux ronds. *J'ai dû laisser le robinet ouvert parce que j'étais pressé*, pensa-t-il. *Tant que ma réserve de ballons reste cachée, personne ne saura que c'était moi.* Il rit à voix basse.

Rami revint avec une pile de torchons.

— Qu'est-ce qui est drôle ? demanda-t-il.

— Oh, rien, répondit Ali.

— Adam, donne-moi le tapis. Je vais l'étendre dehors pour qu'il sèche.

Adam passa le tapis à son cousin par-dessus la flaque.

— Comment est-ce qu'on a pu laisser le robinet ouvert ?

— Je suis désolé, dit Rami. Je n'imaginais pas notre soirée pyjama comme ça, à devoir tout nettoyer.

— Ouais. Je ne ferai plus jamais ça.

— Ben, vous auriez dû me laisser remplir des ballons avec vous ! lâcha Ali.

Les garçons le regardèrent sans comprendre.

— Hum, pardon ? demanda Adam.

— C'était moi. J'ai laissé le robinet ouvert. S'il vous plaît, ne dites pas que vous ne ferez plus de soirée pyjama !

Adam éclata de rire.

— Je voulais dire que je n'inonderai plus jamais la salle de bains ! Vous êtes mes cousins préférés ; bien sûr qu'on fera encore des soirées pyjama, *InchaAllah !*

— Je suis désolé. Je vais nettoyer, c'est plus juste.

— Prends un torchon, dit Rami. On peut t'aider.

Ali se dépêcha de nettoyer. Quand le sol fut sec, Rami lui dit :

— On a fait notre part. Tu peux nettoyer le comptoir. Allez, viens, Adam.

Ali finit de tout sécher, puis il mit les torchons mouillés dans la machine à laver. Il savait qu'il avait eu raison d'avouer la vérité et d'assumer les conséquences.

Il sortit chercher son frère et son cousin.

Adam et Rami étaient cachés dans les buissons. Ils bondirent.

— Embuscade !

Splash ! Splash ! Splash ! Splash ! Ils touchèrent Ali à chaque fois.

— On a trouvé une réserve de ballons dans les buissons. Je me demande d'où ils venaient ? demanda Adam en lui faisant un clin d'œil.

Ali ramassa un ballon qui n'avait pas éclaté. Il le lança sur son cousin en riant.

Allah veut que nous soyons justes. Il nous demande de dire la vérité, d'être honnêtes et de reconnaître nos erreurs. Allah veut que nous choisissions toujours le côté de la justice.

APPRÉCIE CHAQUE CONTRIBUTION, AUSSI PETITE SOIT-ELLE

(79) Ceux-là qui dirigent leurs calomnies contre les croyants qui font des aumônes volontaires et contre ceux qui ne trouvent que leurs faibles moyens (à offrir), et ils se moquent alors d'eux. Qu'Allah les raille (...)

At-Tawbah (Le repentir) 9.79

الَّذِينَ يَلْمِزُونَ الْمُطَّوِّعِينَ مِنَ الْمُؤْمِنِينَ فِي الصَّدَقَاتِ وَالَّذِينَ لَا يَجِدُونَ إِلَّا جُهْدَهُمْ فَيَسْخَرُونَ مِنْهُمْ سَخِرَ اللَّهُ مِنْهُمْ (...) ﴿٧٩﴾

HISTOIRE 23

La contribution de Yasmine

— Malak, tu te souviens quand nous avons donné des vêtements et des jouets à une association pendant le mois de Ramadan ? lui demanda Maman.

Malak hocha la tête.

— Et on a aussi apporté une grosse boîte de vêtements pour bébé et des livres à l'hôpital pour enfants !

— Exactement, dit Maman. Cette année, Yasmine a presque quatre ans. Elle peut apprendre à aider ceux qui en ont besoin, elle aussi. J'aimerais que tu l'aides à choisir des jouets à donner.

Malak sourit fièrement en se tenant bien droite.

— D'accord. Viens, Yasmine. Allons dans notre chambre.

Elle emmena sa sœur devant son étagère de jouets.

— Est-ce qu'il y a des jouets encore en bon état, mais avec lesquels tu ne joues plus ?

Yasmine regarda en haut, puis en bas. Elle alla chercher la poupée préférée de sa sœur sur l'étagère de Malak.

— Je peux donner Becky.

— Non, non, non. Becky, c'est *ma* poupée. Et je ne veux pas la donner !

Malak lui prit Becky des mains. Elle plaça la poupée tout en haut de l'étagère. Yasmine prit la raquette de tennis de table de Malak.

— Et ça ?

— Non. C'est aussi à moi. Je m'en sers à l'école, dit Malak. Trouve quelque chose qui est à *toi*.

Elle ouvrit les portes du placard et montra des chemises et des robes à Yasmine.

— Elles te vont encore ?

— Oui.

— Toutes ?

— Oui.

Malak soupira. Elle commença à trier ses propres habits. Elle sortit des chemises et des pantalons trop petits, et elle empila les vêtements à donner sur le lit. Puis elle ajouta quelques petites poupées, un chapeau qu'elle n'avait jamais mis et la belle robe qu'elle avait portée au mariage de sa tante.

— Non ! cria Yasmine. Tu ne peux pas donner cette robe ! Je veux la garder.

Elle l'enleva de la pile des dons, mais Malak la reprit.

— C'est ma robe. J'ai le droit de la donner.

— Alors, donne-la-*moiiiii !* pleura Yasmine. Je veux la mettre pour jouer à la princesse.

Elle tendit les bras vers la robe. Malak poussa un autre soupir et la donna à sa sœur.

— Bon, bon, d'accord. Mais tu reçois plus de choses que tu en donnes.

Yasmine rangea la robe dans son coffre à costumes, puis elle prit un puzzle en bois sur l'étagère. Elle le posa sur la pile de dons.

— Avant, j'aimais bien ce puzzle, mais je ne joue plus avec, dit-elle.

— Un seul jouet ? demanda Malak en ajoutant deux ours en peluche sur la pile.

On entendait son agacement dans sa voix.

— Tu ne peux pas donner plus ?

Quand Maman entra dans la chambre, elle entendit Yasmine crier :

— Je ne veux rien donner d'autre !

— Maman ! Yasmine ne veut donner qu'un puzzle, dit Malak en la montrant du doigt.

Maman s'assit sur le lit et elle fit un câlin à ses filles.

— Ce n'est pas grave, mes chéries. Vraiment. Malak, tu es grande, donc tu donnes de grandes choses. Yasmine est petite. Elle apprend encore ce que ça veut dire de donner par amour pour Allah.

— Tu as raison, dit Malak en hochant la tête. Un beau puzzle peut faire plaisir à un enfant. C'est un bon cadeau.

Yasmine embrassa sa grande sœur sur la joue.

— L'année prochaine, je donnerai la robe de princesse.

— *InchaAllah,* répondit Malak en la serrant dans ses bras.

Allah n'approuve pas que l'on se moque de ceux qui essaient de faire le bien, même s'ils ne peuvent contribuer qu'avec de petites sommes ou avec un effort modeste.

CHERCHE LA VÉRITÉ, N'ACCUSE PERSONNE SANS PREUVE

(6) Ô vous qui avez cru ! Si un pervers vous apporte une nouvelle, voyez bien clair [de crainte] que par inadvertance vous ne portiez atteinte à des gens et que vous ne regrettiez par la suite ce que vous avez fait.

Al-Hujurat (Les appartements) 49.6

يَا أَيُّهَا الَّذِينَ آمَنُوا إِنْ جَاءَكُمْ فَاسِقٌ بِنَبَإٍ فَتَبَيَّنُوا أَنْ تُصِيبُوا قَوْمًا بِجَهَالَةٍ فَتُصْبِحُوا عَلَىٰ مَا فَعَلْتُمْ نَادِمِينَ ۞

HISTOIRE 24

La fausse accusation

M. Hall, l'entraîneur, fit une annonce dans le haut-parleur :

— Tous les garçons de CM1 qui ont joué au basket pendant la récréation, venez me voir dans le gymnase. Merci.

— Ce n'est pas bon signe, dit Mohammed à Philippe.

Ils haussèrent les épaules.

— Je me demande ce qu'on a fait, ajouta Philippe pendant qu'ils sortaient de classe.

Dans le couloir, Mohammed et Philippe retrouvèrent Omar, Hugo et une partie des autres garçons qui avaient joué avec eux. Ils se dirigèrent tous vers le gymnase.

— On a des ennuis ? demanda Hugo.

— Je ne sais pas, répondit Omar. Il a peut-être besoin de notre aide pour préparer la fête de l'automne.

Les garçons poussèrent un soupir de soulagement.

— Je suis sûr que c'est ça. On n'a rien fait de mal pendant la récréation, dit Hugo.

Le gymnase était décoré aux couleurs de l'automne, et des guirlandes de citrouilles en papier mâché étaient pendues devant les gradins. M. Hall était en train d'installer la chaîne hi-fi et les enceintes pour que tout soit prêt au moment de la fête. À son expression, les garçons devinèrent qu'ils avaient bel et bien des ennuis.

— Vous voilà, dit-il. Je vous avais dit de ne pas jouer au ballon près de la sono. Maintenant, un bouton de la table de mixage est cassé. C'est un appareil très cher. Je veux savoir qui est responsable.

Les garçons se regardèrent, choqués.

— Monsieur, commença Mohammed, on a joué sur l'autre terrain. On n'était pas à côté de la sono.

— Pourtant, on dirait bien qu'un ballon de basket est tombé sur la table de mixage, dit l'entraîneur. Vous avez vu d'autres élèves jouer par ici ?

— Ça devait être Omar, répondit Philippe. Il est venu par là.

Omar secoua la tête.

— Je... Je me suis approché pour regarder les décorations de la fête, c'est tout.

— Tu avais un ballon de basket avec toi, dit Mohammed en le montrant du doigt.

— Je... J'avais un ballon de basket, mais je le tenais. Je n'ai cassé aucun appareil.

— Tu es sûr ? Tu es plutôt maladroit avec un ballon ! se moqua Hugo.

Les garçons éclatèrent de rire.

— C'était Omar, c'est sûr, dit Philippe.

— Ce n'était pas moi, je le promets.

Omar devint tout rouge. Il tourna le dos à ses amis et il essuya une larme.

— Regardez-le. Il est coupable ! cria un garçon.

— Il ment pour ne pas avoir à payer pour réparer la table de mixage ! dit un autre.

Mohammed s'avança et dit d'une voix ferme :

— Hé, ça suffit ! Nous n'avons aucune preuve qu'Omar l'a cassée.

Les portes du gymnase s'ouvrirent en grand. Des organisateurs apportaient un château gonflable pour la fête.

Une bourrasque passa par les portes ouvertes. Le vent secoua les décorations de citrouilles suspendues, et l'une d'elles tomba. *Boum !* Elle manqua de peu Mohammed et la chaîne hi-fi.

— Ah ha ! s'écria Mohammed en ramassant la citrouille.

Puis il s'allongea sur le sol du gymnase. Il passa son bras sous les gradins et sortit une deuxième décoration en papier mâché. Elle s'était brisée dans sa chute.

Hugo la prit à Mohammed et la leva en l'air.

— La citrouille a dû tomber sur la table de mixage. Elle est aussi lourde qu'un ballon de basket.

— Elle a dû atterrir là, dit Mohammed en montrant le bouton cassé sur la table de mixage. Puis rouler sous les gradins.

M. Hall prit la citrouille.

— Tu dois avoir raison, dit-il.

— *Alhamdoulillah,* soupira Omar.

Tout le monde se tourna vers lui. Mohammed posa la main sur son épaule.

— Je suis désolé de t'avoir accusé.

Les garçons l'imitèrent :

— Moi aussi.

— Pardon.

— On n'aurait pas dû se moquer de toi.

— Bon, dit l'entraîneur. J'ai besoin de votre aide. Éloignons la sono de ces décorations !

Les garçons se dépêchèrent de l'aider.

Avant de croire et de diffuser une nouvelle, il est important de vérifier si elle est vraie
et de ne pas la propager si nous ne sommes pas sûrs de sa véracité.

RESPECTE LES BIENS D'AUTRUI

(29) Ô les croyants ! Que les uns d'entre vous ne mangent pas les biens des autres illégalement. Mais qu'il y ait du négoce (légal), entre vous, par consentement mutuel. Et ne vous tuez pas vous-mêmes. Allah, en vérité, est Miséricordieux envers vous.

An-Nisa (Les femmes) 4.29

يَا أَيُّهَا الَّذِينَ آمَنُوا لَا تَأْكُلُوا أَمْوَالَكُمْ بَيْنَكُمْ بِالْبَاطِلِ إِلَّا أَنْ تَكُونَ تِجَارَةً عَنْ تَرَاضٍ مِنْكُمْ وَلَا تَقْتُلُوا أَنْفُسَكُمْ إِنَّ اللَّهَ كَانَ بِكُمْ رَحِيمًا ﴿٢٩﴾

HISTOIRE 25

Les crayons empruntés

Les crayons de Leïla avaient disparu. Elle avait peur que sa maîtresse, Mme Chevalier, la gronde parce qu'elle n'avait pas toutes ses fournitures scolaires. *J'emprunterai les crayons de Mariam*, pensa-t-elle. *Personne n'a besoin de le savoir.*

Pendant que Mariam ne regardait pas, Leïla tendit la main. Elle prit un crayon violet dans sa trousse.

Leïla se sentit coupable d'agir en cachette, mais Mariam était son amie. *Elle me le prêterait, de toute façon*, se dit-elle.

Après quelques jours, lui demander la permission paraissait trop ridicule.

Mme Chevalier demanda aux élèves de la salle 4 de colorier un graphique sur leur exercice de mathématiques.

Leïla attendit que Mariam ne regarde pas, puis elle chipa un crayon bleu dans la trousse de son amie.

Quelques instants plus tard, Mariam vida sa trousse.

— Tu as vu mon crayon bleu ?

— Oh, pardon. J'ai dû le prendre par accident, dit Leïla.

Elle rendit le crayon bleu à Mariam, puis elle fit semblant de chercher le sien.

— Pas de problème ! lui dit son amie.

J'ai eu chaud, pensa Leïla. *Je dois demander de nouveaux crayons à Maman !*

***

Le soir, pendant que la famille de Leïla était assise pour dîner, leur père leur montra une facture. Il sortait de l'hôpital. Même avec une assurance, la famille devait beaucoup d'argent.

— Je vous remercie d'avoir aidé la famille à réaliser des économies, dit-il. Je sais que vous faites beaucoup de sacrifices, mais je suis content qu'on puisse payer ces factures maintenant. *InchaAllah*, tout reviendra bientôt à la normale. *Bismillah*.

L'espoir brillait dans ses yeux.

— *Bismillah*, répéta Leïla avant de commencer à manger.

Elle était fière que sa famille reste unie dans les moments difficiles. *Je continuerai à utiliser les crayons de Mariam pour faire des économies*, pensa-t-elle. *Ce n'est pas grave du tout.*

***

La semaine suivante, quand Leïla voulut prendre le petit crayon rouge de Mariam, son amie la surprit la main dans la trousse.

— Tu voles mes crayons ?

— Oh, pardon ! Je l'empruntais, c'est tout. Je ne pensais pas que ça t'embêterait, dit Leïla en le rendant à Mariam.

— Peut-être pas, mais si tu veux utiliser mes affaires, tu devrais au moins me demander la permission !

— Je suis désolée. J'ai perdu les miens, avoua Leïla en regardant ses mains. Et je n'ai pas envie de demander une nouvelle boîte à mes parents.

— Quand je suis allée chercher ma gourde dans les objets trouvés hier, il y avait une boîte de crayons. Peut-être que ce sont les tiens ?

— Vraiment ? Allons voir.

Leïla leva la main.

— Madame Chevalier, est-ce qu'on peut aller voir si mes crayons sont dans les objets trouvés avec Mariam ?

— Oui, mais faites vite. Et si tu ne les trouves pas, dis-le-moi. J'ai toujours des crayons en plus.

Elles partirent chercher dans les objets trouvés.

Leïla ouvrit la boîte de crayons et elle en sortit le rouge.

— Ça ne peut pas être les miens, dit-elle avec tristesse. Mon crayon rouge est cassé.

— Oh, regarde.

Mariam retourna le crayon rouge. Il portait les initiales de Mariam : M. K.

Les amies se regardèrent. Elles éclatèrent de rire.

— Si ce sont tes crayons, alors, tu dois avoir les miens ! dit Leïla.

— Je crois qu'on devrait *toutes les deux* apprendre à demander la permission avant d'utiliser les affaires des

autres, dit Mariam en riant. Je suis désolée !

— Ce n'est pas grave.

Leïla serra son amie dans ses bras, puis elles retournèrent en classe, bras dessus, bras dessous.

Allah veut que nous soyons honnêtes et que nous ne profitions pas de ce qui
appartient aux autres. Nous devons nous assurer d'avoir la permission avant
d'utiliser les affaires de quelqu'un d'autre.

PARDONNE

(40) La sanction d'une mauvaise action est une mauvaise action [une peine] identique. Mais quiconque pardonne et réforme, son salaire incombe à Allah. Il n'aime point les injustes !

Ash-shura (La consultation) 42.40

وَجَزَاءُ سَيِّئَةٍ سَيِّئَةٌ مِثْلُهَا ۖ فَمَنْ عَفَا وَأَصْلَحَ فَأَجْرُهُ عَلَى اللَّهِ ۚ إِنَّهُ لَا يُحِبُّ الظَّالِمِينَ ۝

HISTOIRE 26

La réconciliation entre frère et sœur

Samira courut à travers la maison, un modèle réduit d'avion à la main.

— *Voum, voum, voum !*

Elle faisait comme si l'avion volait de haut en bas dans le long couloir.

— Hé ! Ce n'est pas un jouet ! cria Yassine à sa sœur. Donne-le-moi.

— Ouais, ouais... Tu l'as laissé dans le salon, alors je joue avec, dit Samira.

Elle tourna le dos à Yassine et s'éloigna.

— Il risque de se casser, dit-il avec colère. Donne-le-moi tout de suite !

Samira se retourna et haussa les épaules.

— N'importe quoi. Tiens.

Elle lança l'avion à son frère. Yassine essaya de le rattraper, mais il le manqua. L'avion passa à côté de son bras et il alla s'écraser contre le mur. *Poum !* Il tomba par terre. *Crac !* Une aile s'était cassée.

— Oups, dit Samira.

— *Oups ?* répéta Yassine en tapant du pied. Tu as cassé mon avion ! Tu vas le payer.

Les poings serrés, il passa à côté de sa sœur. À pas lourds, il alla dans la chambre de Samira. Il prit un livre sur sa table de chevet.

— Tu casses mes affaires ? Je vais t'apprendre.

Il ouvrit le gros livre sur les records du monde. En un geste théâtral, il déchira une page. *Crac !*

— Tu es fou ? cria Samira. Arrête ! Ne déchire plus de pages !

Elle lui arracha le livre des mains. *Crac !* Une autre page se déchira.

— Tu... ? C'est trop ! Je vais déchirer un de tes livres.

Samira jeta le livre sur les records du monde sur son lit et elle courut vers la chambre de Yassine. Il s'interposa pour lui bloquer le passage. Elle essaya de le pousser.

— Laisse-moi entrer.

— Sûrement pas !

Yassine l'empêcha d'avancer en la tenant par les épaules.

Après une courte lutte, le frère et la sœur restèrent immobiles, face à face. Ils voyaient leurs propres émotions — la colère, la frustration, la déception, la trahison — reflétées dans les yeux de l'autre.

Samira poussa un long soupir. Elle s'écarta pour se libérer de son frère.

— Je n'ai pas fait exprès de casser ton avion.

— Je t'avais dit de ne pas jouer avec.

— C'était un accident. Tu as fait exprès de déchirer mon livre, l'accusa-t-elle en lui mettant son index devant le nez.

Yassine lui agrippa le bras.

— Je me suis vengé, dit-il d'un air satisfait.

— Quand tu te venges, je ne me sens plus mal d'avoir cassé ton avion. Ça me donne envie de me venger, moi aussi.

Yassine réfléchit. Il lâcha le bras de sa sœur.

— Tu as raison. Je n'aurais pas dû déchirer ton livre, avoua-t-il.

Samira fit un pas en arrière. Ils se regardèrent.

Yassine se souvint d'une chose que disait leur mère : *le pardon vaut mieux que la vengeance. Pardonne comme tu aimerais être pardonné.*

— J'étais très, très en colère, mais me venger n'a rien arrangé, soupira-t-il. Tu veux bien me pardonner ?

Samira hocha la tête.

— Je suis vraiment désolée pour ton avion, dit-elle en ramassant les morceaux cassés. Et toi, tu veux bien me pardonner ?

Yassine soupira.

— Je suis encore énervé… mais bien sûr que je te pardonne.

— On peut le réparer ? demanda-t-elle en lui donnant les morceaux cassés.

— Une fois qu'un morceau est cassé, il n'est plus jamais aussi joli, dit Yassine en examinant l'aile de l'avion. Mais je peux essayer. Tu peux le tenir pendant que je le colle ?

— Oui.

— Je vais chercher la colle. Et ensuite, je réparerai ton livre avec de l'adhésif, proposa Yassine.

— Pff, un livre réparé avec de l'adhésif, c'est vraiment nul ! dit Samira avec un petit rire. *InchaAllah,* on arrivera à le réparer ensemble.

Yassine fit un câlin à sa petite sœur.

— Je sais que c'est mal de se disputer, mais *Alhamdoulillah,* on peut pardonner.

— *Alhamdoulillah,* répéta Samira en le serrant dans ses bras.

Allah aime nous voir pardonner les autres, tout comme nous souhaitons
qu'Allah et les autres nous pardonnent.

MONTRE L'EXEMPLE

(44) Commanderez-vous aux gens de faire le bien, et vous oubliez vous-mêmes de le faire, alors que vous récitez le Livre ? Êtes-vous donc dépourvus de raison ?

Al-Baqarah (La vache) 2.44

أَتَأْمُرُونَ النَّاسَ بِالْبِرِّ وَتَنْسَوْنَ أَنْفُسَكُمْ وَأَنْتُمْ تَتْلُونَ الْكِتَابَ ۚ أَفَلَا تَعْقِلُونَ ﴿٤٤﴾

HISTOIRE 27

La leçon de langue des signes

— C'est très important d'inclure tout le monde, dit Samira en souriant. C'est pour ça que j'aimerais qu'on apprenne la langue des signes. Comme ça, on pourra tous parler à Wendy. Les garçons et les filles. Elle se sentira plus incluse dans la classe.

Samira avait demandé à Wendy, qui était sourde, et à M. James, son interprète, de leur apprendre quelques signes les mercredis après l'école. En plus de Samira et de Wendy, Hamza, Mariam, Tim, Ali et Jessica, tous en cours préparatoire, s'étaient réunis dans la bibliothèque de l'école pour leur première leçon de langue des signes.

— Commençons par des signes que nous utilisons beaucoup, dit M. James, en signant pendant qu'il parlait. *Oui* et *non*. Essayez.

Les élèves imitèrent M. James pour reproduire les signes. En remuant les poignets et les doigts, ils répétèrent :

— *Oui, non, oui, non.*

— Essayons *s'il te plaît* et *merci,* continua M. James. *S'il te plaît. Merci.*

Il montra les signes correspondants.

— C'est facile, dit Mariam. *S'il te plaît. Merci.*

Jessica associa deux signes.

— *Non, merci.* C'est amusant. Apprenons-en d'autres !

— *Oui, s'il te plaît,* dirent plusieurs élèves à voix haute tout en signant.

Tout le monde rit.

Wendy tapota la table avec enthousiasme.

— Bravo à tous ! dit-elle en souriant.

— Bientôt, on pourra te parler sans que M. James traduise ! s'exclama Ali.

Il éclata de rire, puis il vérifia que M. James n'était pas vexé.

En souriant, celui-ci traduisit à Wendy ce qu'Ali venait de dire. Il poursuivit :

— Voyons l'alphabet. Ensuite, nous apprendrons à épeler nos prénoms. Apprendre toutes les lettres demandera un peu d'entraînement. Essayez de signer chacune plusieurs fois.

Il commença par le A. Les enfants s'entraînèrent avec lui.

Quand M. James arriva à la fin de l'alphabet, des élèves de maternelle qui restaient à la garderie après l'école arrivèrent à la bibliothèque. La jeune cousine de Mariam, Sarah, faisait partie du groupe. Elle s'approcha des élèves qui suivaient la leçon de langue des signes.

— Qu'est-ce que vous faites ? demanda-t-elle.

— *Assalam Alaykom*, Sarah, dit Mariam. On apprend la langue des signes !

Elle se leva pour serrer Sarah dans ses bras.

— Oh, c'est génial ! J'ai envie d'apprendre, moi aussi ! dit sa cousine.

— C'est seulement pour les CP, dit Samira en montrant les élèves autour de la table. Pas pour les maternelles. Désolée.

Mariam se rapprocha de Sarah.

— C'est ma cousine. Laissons-la participer.

— On a déjà commencé, dit Samira en haussant les épaules. Elle a trop de retard.

— Elle peut quand même apprendre quelques signes, dit Tim.

— Il n'y a plus de place à la table, insista Samira.

— Tant pis, dit Sarah.

Elle recula lentement. Elle haussa les épaules, puis elle alla rejoindre les élèves de maternelle, qui regardaient les livres sur les étagères.

Ali rapprocha sa chaise de celle de Jessica pour laisser un espace entre Mariam et lui.

— On peut lui faire de la place à la table.

— Je lui apprendrai l'alphabet ce weekend, ajouta Mariam. Comme ça, elle aura rattrapé son retard avant la prochaine leçon.

— N'oublions pas l'idée principale derrière cette leçon, leur rappela Hamza.

Les enfants se turent.

— Inclure tout le monde, murmura Samira.

Elle se leva et alla voir Sarah.

— Je te demande pardon. Je n'aurais pas dû t'exclure. S'il te plaît, viens participer à la leçon.

Sarah alla vite chercher une chaise. Elle s'installa entre Mariam et Ali.

— Merci, dit-elle, avant de signer. Je m'appelle S-A-R-A-H, Sarah.

Wendy poussa un cri, surprise.

— Je suis W-E-N-D-Y, Wendy. Tu connais la langue des signes ?

— Un peu, signa Sarah avec un grand sourire.

Allah veut que nous soyons de bonnes personnes. Nous devons être de bons exemples pour les autres en faisant ce que nous disons et en montrant l'exemple par nos actions.

SOIS PATIENT

(10) Dis: « Ô Mes serviteurs qui avez cru ! Craignez votre Seigneur. » Ceux qui ici-bas font le bien, auront une bonne [récompense]. La terre d'Allah est vaste et les endurants auront leur pleine récompense sans compter.

Az-zumar (Les groupes) 39.10

قُلْ يَا عِبَادِ الَّذِينَ آمَنُوا اتَّقُوا رَبَّكُمْ ۚ لِلَّذِينَ أَحْسَنُوا فِي هَٰذِهِ الدُّنْيَا حَسَنَةٌ ۗ وَأَرْضُ اللَّهِ وَاسِعَةٌ ۗ إِنَّمَا يُوَفَّى الصَّابِرُونَ أَجْرَهُم بِغَيْرِ حِسَابٍ ﴿١٠﴾

HISTOIRE 28

L'anniversaire de Papa

Rami expliqua à son frère Ali ce qu'il avait prévu pour l'anniversaire de leur père.

— D'abord, on va préparer des biscuits aux pépites de chocolat, les préférés de Papa ! Et quand il rentrera, *InchaAllah*, on regardera le nouveau film de superhéros en mangeant nos biscuits !

Dans la cuisine, leur mère les aida à préparer les ingrédients. Elle donna deux plaquettes de beurre froid à Rami.

— Le beurre doit être à température ambiante, expliqua-t-elle. Pose-le près de la fenêtre et attends qu'il devienne mou. Ensuite, tu pourras le mélanger aux œufs et au sucre.

Elle leur montra comment lire la recette et quelles mesures utiliser sur le verre doseur.

— Je vais aller m'allonger un peu, dit-elle. Appelez-moi si vous avez besoin d'aide.

Ali et Rami se mirent au travail. Ils cassèrent des œufs et dosèrent le sucre.

— Ensuite, c'est le beurre, dit Rami. Est-ce qu'il est déjà mou ?

— Il est encore plutôt dur, répondit Ali en touchant l'emballage. On doit attendre combien de temps ?

— Je ne sais pas.

Pendant qu'ils patientaient, ils dosèrent la farine, la levure et le sel, puis ils mirent le tout de côté.

Rami toucha le beurre.

— Il n'est toujours pas mou.

Ali dosa les pépites de chocolat. Rami disposa du papier cuisson sur les plaques à mettre au four. Puis ils vérifièrent une fois de plus si le beurre était devenu mou.

— Ça prend une éternité. Mettons-le au micro-ondes.

Rami plaça le beurre dans un bol et il le passa trente secondes au micro-ondes. Il versa le beurre fondu dans le saladier qui contenait le sucre et les œufs, puis Ali mélangea le tout.

— C'était bien plus rapide que la méthode de Maman, dit Rami.

— *MachaAllah !*

Les frères se tapèrent dans la main.

Ils mélangèrent les ingrédients et ils déposèrent de petites portions de pâte sur la feuille de cuisson.

Pendant que la première fournée de biscuits cuisait dans le four, Rami dit :

— Ils ont l'air parfaits. Ils seront prêts dans neuf minutes. Préparons les suivants.

Ils formèrent des boules de pâte pour préparer d'autres biscuits. Ali leva le nez en l'air et il inspira.

— Ils sentent bon ! J'ai hâte que Papa rentre du travail, dit-il en ouvrant la porte du four pour jeter un œil. Oh oh. Les biscuits se sont collés entre eux.

Rami courut voir. La pâte s'était étalée et elle ne formait plus qu'un énorme biscuit. Il alla chercher sa mère. Elle comprit tout de suite le problème.

— Ça arrive quand le beurre est fondu au lieu d'être à température ambiante.

— Oups, dit Rami. On aurait dû être plus patients.

La minuterie du four sonna. Rami sortit avec précaution les biscuits du four. Ils étaient tout plats.

— Ils sont complètement ratés !

— Ces biscuits auront bon goût, mais ils seront croustillants, pas moelleux, dit Maman.

— Papa sera tellement déçu ! se lamenta Ali.

— On pourrait peut-être faire un grand gâteau-biscuit ? proposa Rami.

— Un biscuit croustillant sera difficile à manger, remarqua Maman.

— On devrait recommencer, dit Ali.

Rami réfléchit en se tapotant le menton.

— Et si on faisait un gâteau aux pépites de chocolat, puis qu'on l'émiettait pour le manger avec de la crème glacée ?

— Ça a l'air délicieux, répondit Maman.

Rami et Ali étalèrent la pâte pour former un biscuit géant. Lorsqu'il fut cuit, ils allèrent acheter de la glace à l'épicerie au coin de la rue.

Peu de temps après, leur père rentra du travail. Il appela les garçons :

— C'est l'heure du film ! C'est l'heure des biscuits !

— On ne va pas manger de biscuits, dit Rami, la tête basse.

— Comment ? Vous m'avez promis des biscuits pour mon anniversaire ! protesta leur père en riant. Et toute la maison sent les biscuits !

— On n'a pas été assez patients pour les réussir, avoua Rami.

Ali serra son père dans ses bras.

— On voudrait utiliser les biscuits ratés pour les manger en morceaux avec de la glace. Qu'est-ce que tu en penses ?

— Ça me paraît une bonne alternative, répondit Papa.

Rami et Ali servirent les crèmes glacées, et tout le monde s'assit pour regarder le film.

— Bon anniversaire, Papa, dirent Rami et Ali.

De bonnes choses arrivent quand nous sommes patients. Faisons simplement confiance au plan d'Allah et montrons-nous patients, et nous verrons comment de bonnes choses nous arriveront.

SOIS GENTIL

(28) Si tu t'écartes d'eux à la recherche d'une miséricorde de Ton Seigneur, que tu espères, adresse-leur une parole bienveillante.

Al-Israa (Le voyage nocturne) 17.28

وَإِمَّا تُعْرِضَنَّ عَنْهُمُ ابْتِغَاءَ رَحْمَةٍ مِنْ رَبِّكَ تَرْجُوهَا فَقُلْ لَهُمْ قَوْلًا مَيْسُورًا ﴿٢٨﴾

HISTOIRE 29

La jambe cassée de Fatima

Quand Fatima passa la tête par la porte de la salle, Mme Henderson avait déjà commencé la classe du lundi.

Son institutrice interrompit la leçon.

— Bonjour, Fatima.

— Est-ce que quelqu'un pourrait m'aider avec la porte ? demanda-t-elle en grimaçant.

Tim se précipita pour tenir la porte à Fatima.

Tout le monde comprit pourquoi elle avait besoin d'aide. Elle avait la jambe droite dans le plâtre et elle marchait

avec des béquilles.

— Oh là là ! Qu'est-ce qui t'est arrivé ? demanda Mme Henderson.

— Je suis tombée du trampoline et je me suis cassé la jambe, répondit Fatima. Je suis désolée d'être en retard.

J'apprends encore à me déplacer avec ces béquilles.

— Tu as besoin d'aide ? demanda Malak.

— Laisse-moi porter tes livres, proposa Samira en se levant.

Elle prit le sac à dos de Fatima et le posa sur son bureau.

Tim tira la chaise de Fatima pour l'aider à s'asseoir. Samira lui tint la main pendant qu'elle pivotait sur une jambe

pour s'installer sur sa chaise. Lily prit les béquilles et elle les posa par terre de l'autre côté de la chaise.

— Merci, tout le monde ! dit Fatima, une fois installée à son bureau.

Malak resta à côté d'elle. Elle avait l'air gênée.

— Je suis désolée. Je voulais aider, mais tout le monde a été plus rapide que moi. Tu as besoin d'autre chose ?

— Non, merci. Ça va, maintenant, soupira Fatima.

— Oh. D'accord.

Malak fronça les sourcils.

Mme Henderson continua la leçon. Au moment de travailler par groupes, Tim et Wendy déplacèrent leurs bureaux pour que Fatima puisse rester assise à sa place. Samira s'assura que personne ne touchait la jambe de Fatima sans faire attention. Jessica alla chercher la boîte qui contenait le matériel d'arts plastiques de Fatima et la lui apporta.

— *Alhamdoulillah,* tout le monde est si gentil, dit Fatima.

— Est-ce que je peux faire quelque chose ? demanda Malak avec espoir.

— Je pense que ça va, dit Jessica en donnant la boîte à Fatima.

Après le travail de groupe, Mme Henderson laissa la classe aller en récréation.

— Laisse-moi t'aider à te lever, dit Jessica en proposant sa main à Fatima.

— Je vais ranger ta chaise, ajouta Ali.

Lily tendit à Fatima ses béquilles.

— Tu es prête ?

— Oui, merci.

Fatima commença à avancer vers la porte. Malak traversa la classe pour la rejoindre.

— Je peux t'aider ? demanda-t-elle.

Elle chercha ce qu'elle pourrait déplacer ou porter pour son amie.

— Non, merci. C'est bon, maintenant, répondit Fatima.

Hamza tint la porte aux filles avant d'aller rejoindre ses amis.

— J'ai l'impression d'être une mauvaise amie, dit Malak en marchant lentement. Tout le monde t'a aidée, mais je n'ai rien pu faire de gentil.

— Je suis un peu gênée que tout le monde s'occupe de moi, avoua Fatima.

Elle regarda ses amies courir vers la sortie, puis elle fit un autre pas prudent.

— On dirait bien que je vais être la dernière à arriver à la récré pendant les semaines qui viennent.

Malak hocha la tête. Elle allait se mettre à courir pour sortir, mais elle s'arrêta.

— Je peux marcher avec toi ?

Fatima lui sourit.

— Ce serait la chose la plus gentille qu'on ait faite pour moi aujourd'hui.

— Alors, comment tu as fait pour tomber du trampoline, exactement ? demanda Malak.

— Eh bien, c'est une histoire amusante...

Pendant qu'elles discutaient et riaient, elles marchèrent lentement ensemble vers la cour de récréation.

Allah souhaite que nous soyons bienveillants envers autrui, surtout ceux qui sont dans le besoin. Si nous sommes dans l'impossibilité de les aider, nous pouvons leur apporter du réconfort en utilisant des mots aimables pour leur remonter le moral.

PENSE DE MANIÈRE CRITIQUE ET AGIS AVEC LUCIDITÉ

(83) Quand leur parvient une nouvelle rassurante ou alarmante, ils la diffusent. S'ils la rapportaient au Messager et aux détenteurs du commandement parmi eux, ceux d'entre eux qui cherchent à être éclairés, auraient appris (la vérité de la bouche du Prophète et des détenteurs du commandement) (...)

An-Nisa (Les femmes) 4.83

وَإِذَا جَاءَهُمْ أَمْرٌ مِنَ الْأَمْنِ أَوِ الْخَوْفِ أَذَاعُوا بِهِ ۖ وَلَوْ رَدُّوهُ إِلَى الرَّسُولِ وَإِلَىٰ أُولِي الْأَمْرِ مِنْهُمْ لَعَلِمَهُ الَّذِينَ يَسْتَنْبِطُونَهُ مِنْهُمْ ۗ (...) ﴿٨٣﴾

HISTOIRE 30

La surprise de l'Aïd el-Fitr

Le dernier jour du Ramadan, les enfants faisaient du bénévolat à la mosquée. Ils préparaient des colis de nourriture pour des familles dans le besoin.

— J'ai vraiment hâte de fêter Aïd el-Fitr demain ! dit Omar à ses amis.

Mariam mit un pot de confiture dans chaque carton.

— J'ai vraiment hâte qu'on reçoive le gros cadeau ! dit-elle.

— Moi aussi ! s'exclama Ali en déposant des boîtes de maïs dans les colis. C'est censé être génial.

— Vous allez recevoir un gros cadeau pour Aïd el-Fitr ? demanda Leïla.

— Tu n'es pas au courant ? Khadija, la tante de Malak, va offrir un cadeau à tous ceux qui ont aidé à la mosquée cette semaine, lui apprit Mariam.

Leïla arrêta de travailler.

— Je suis presque sûre que c'est une poupée ! s'écria-t-elle. Quand on aura fini de préparer ces colis, je vais aller acheter plein de nouvelles robes de poupée.

— Ce n'est pas une poupée, dit Omar, les mains sur les hanches. Je parie que c'est un skateboard. Madame Khadija m'a entendu dire que j'ai très envie de tester le nouveau skatepark ! Je vais inviter mes amis à venir l'essayer avec moi.

Leïla remarqua que tout le monde avait arrêté de remplir les colis.

— À mon avis, on perd notre temps à essayer de deviner. On est censés aider des familles dans le besoin, aujourd'hui.

— On ne sait même pas si c'est vrai, ajouta Mariam en haussant les épaules. D'après Fatima, elle a entendu Malak dire que sa tante lui a demandé des idées de cadeaux à nous faire.

— C'est important de s'assurer que les informations sont correctes avant d'en parler à d'autres personnes, dit Leïla en hochant la tête. Et si ce n'était qu'une question ? Ou si madame Khadija a changé d'avis ?

Ali éclata de rire.

— On dirait que le « gros cadeau » n'est qu'une rumeur ! C'est toujours mieux de vérifier qu'une chose est vraie avant de faire des projets en fonction d'elle, vous ne trouvez pas ?

— Excellente façon de penser, Ali ! Pour savoir si c'est vrai, on doit trouver d'où la rumeur est venue. Comme ça, on pourra être sûrs qu'elle n'est pas fausse, dit Mariam avec un grand sourire.

— Attends ? Quoi ? Alors, tu vas demander à madame Khadija ? voulut savoir Omar.

— Hé hé. Non, pas moi, murmura Mariam. Je demanderai à ma mère de l'appeler et de lui poser discrètement la question.

Tout le monde éclata de rire.

— Maintenant, remettons-nous au travail.

Ils recommencèrent à remplir les cartons de nourriture, et ils terminèrent juste avant que les colis soient emportés. Ils en avaient quarante-huit prêts à être livrés. Chacun aida à charger les cartons dans la voiture de la mère d'Omar.

— Allons-y ! dit celui-ci. Il est temps de livrer ces colis à la Banque Alimentaire !

— Attendons un peu, dit doucement sa mère. Madame Khadija arrive avec une surprise pour vous.

Tout le monde se figea, les yeux ronds et un sourire aux lèvres.

— C'est vrai, chuchota Leïla.

— Qu'est-ce que c'est ? C'est quoi, la surprise ? demanda Ali, très excité.

— Je ne peux pas vous le dire, parce que c'est une surprise ! répondit sa mère en souriant.

Les enfants éclatèrent de rire.

— On dirait que vous vous amusez bien, dit une voix derrière eux.

— Madame Khadija ! s'écrièrent-ils tous en chœur en se retournant.

Elle serra tous les garçons et les filles dans ses bras. Puis elle sortit une pile de cartes de son sac.

— J'ai quelque chose pour vous, pour vous remercier d'être des musulmans bienveillants et pour fêter l'Aïd el-Fitr. »

Les enfants se turent. Ils avaient tellement hâte de savoir enfin ce qu'était le gros cadeau !

La joie et l'enthousiasme se lisaient sur tous les visages pendant que chaque enfant recevait une carte. Elles contenaient le message suivant :

> *Je suis très heureuse de vous informer que nous passerons le deuxième jour de l'Aïd ensemble. Nous partons pour une super aventure au parc Safari ! Ensuite, nous mangerons un délicieux repas. Et pour terminer la journée, nous irons au circuit de karting pour quelques sensations fortes ! Retrouvez-moi ici à 9 h 30. On va s'amuser comme des fous !*

Les enfants poussèrent des cris de joie.

— C'est le meilleur cadeau du monde ! s'exclama Mariam. Merci beaucoup.

— Oui, merci beaucoup, dit Leïla. Ça va vraiment être amusant !

— On n'aurait jamais deviné ce que c'était, ajouta Ali avec un grand sourire.

Omar hocha la tête avec gratitude.

— *Alhamdoulillah,* nous sommes bénis !

Nous devrions toujours vérifier les faits avant de partager des informations et nous assurer de leur exactitude avant de prendre des décisions ou de les propager.